말과 국가

다나카 가쓰히코 지음 | 김수희 옮김

AK

일러두기

1. 이 책은 국립국어원 외래어 표기법에 따라 외국 지명과 인명 및 상호명을
   표기하였다.

2. 본문 주석 중 역자의 주석은 '역주'로 표시하였으며, 그 밖의 것은 저자의
   주석이다.

3. 서적 제목은 겹낫표(『 』)로 표시하였으며, 그 외 인용, 강조, 생각 등은 따
   옴표를 사용하였다.
   예)『속어에 대해De vulgari eloquentia』,『문장독본文章読本』

4. 이 책은 산돌과 Noto Sans 서체를 이용하여 제작되었다.

목차

언어와 방언의 차이는 어디에 있을까. 쉽지 않은 문제다. 설령 방언이라도 그것으로 문학이 성립되면 언어라고 표현되는 경우가 있다. 포르투갈어나 네덜란드어가 그러하다.

——소쉬르

제1장
"하나의 말"이란 무엇인가

말을 가진 인간과 가지지 않은 인간

인간은 보통 누구나 말을 한다. 이는 인간과 다른 동물을 구분하는 기본적 표식 중 하나로 여겨지고 있다. 요컨대 동물분류학상 인간의 위치는 호모 로퀜스("언어적" 인간)라는 부분에 존재한다. 실제로 육체적으로 나타난 행동으로 보면 혀, 입술, 목청처럼 특정 부분을 사용해 음을 발한다는 점에서는 일치한다. 그러나 그런 행동의 결과로 만들어진 '음'이 사람들 사이에서 과연 서로 이해되고 있을까. 이런 문제에 이르면 그런 모든 것들을 하나로 뭉뚱그려 "말"이라고 부르는 데는 약간 주저하지 않을 수 없다. 그렇다기보다 지금 여기서 언급한 방식으로 우선 '사람'이라는 동물의 종류에 공통적인 "말"이라는 것을 미리 만들어놓은 후 이야기를 진행하기에는 무리가 있다. 역사적 순서로 보자면 그 반대가 되기 때문이다. 각각 서로 이해할 수 없는 어떤 알 수 없는 음들의 연속(덩어리)을 발했지만, 그것 역시 그 말을 하는 사람의 입장에서 기실은 언어였다는 사실을 알게 되기까지 상당한 시간이 걸렸던 것이다.

그리스인은 그리스어를 하지 못하는 다른 모든 민족을 바르바로이(바르바로스의 복수형)라고 불렀는데, 그것은 실은 "말더듬이"라는 의미였다. "말을 더듬는" 행동의 정의에 대해 왈가왈부하기 이전에, 여기서 가장 말하고자 하는 바는, 입에서 뭔가 음들이 발해지고 있지만 그 음이 제대로 된 말로 전달되지 않았기 때문에 알아들을 수 없다는 판단이었다. 즉 바르바로이란 어쩌면 인간일 수도 있겠으나, 그리스인의 눈에는 말을 하지 못하는 사람들로 보였던 인간을 가리키는 말이었다. 요컨대 그리스인 입장에서는 모름지기 자신들이 하고 있는 말만 말이었고 그 밖에 말은 있을 수 없었던 것이다. 바꿔 말해 그리스인에게는 그리스어가 곧 말이었으며 동시에 말은 곧 그리스어였다. 심지어 논리적인 이야기는 그리스어로만 가능했기 때문에 그리스어 그 자체가 논리였다. 따라서 그리스어를 세세히 분석해가다 보면 마침내 그 안에서 진리가 모습을 드러낼 것이라고 생각했다.

설령 의미 파악이 어렵더라도 자신들의 말 이외에도 말이 있다는 인식이 나타나게 된 것은 서양의 경우 로마시대 이후부터였다. 로마는 이미 자신들보다 앞선 그리스어 고전세계를 상대화하고 있었고, 심지어 로마제국 내부에 다수의 민족들에 의한 다양한 언어들이 존재하고 있었다. 때문에 자신들의 언어가 유일한 것이라고는 더 이상 생각할 수 없게 된 것이다.

러시아인도 자신들이 쓰는 말과 다른 것에 대해서는 그리스인과 마찬가지의 태도를 취했을 것으로 추정된다. 이는 현대 러시아어에까지 그 기억을 여전히 간직하고 있기 때문이다. 러시아에서는 독일인을 '네메츠'라고 말한다. 이 것은 '네모이(벙어리)'라는 말에서 생긴 말이다. 러시아인 입 장에서 봤을 때 독일인들은 입을 움직이며 뭔가를 계속 발 하고 있었는데, 그것이 설마 '말'은 아닐 거라고 여겨졌던 것이다. 현대 일상어에서도 독일인을 계속 "벙어리"라고 부 르고 있는 것을 보면, 과거의 언어 의식이 그대로 화석처럼 남아 있는 예라고 할 수 있다.

이런 것들을 고려해보면 '말을 할 줄 아는 것이 인간'이라 는 인식은 생각만큼 오래된 것은 아니라는 사실을 알 수 있 다.

그러나 인간 상호 간의 교류가 진전되고 인식이 심화되 면, 어떤 무리가 나누고 있는 말도 자신들과 마찬가지로 말 이라는 사실을 헤아릴 수 있게 된다. 번역만 하면 서로 이 해할 수 있게 될 거라는 인식도 생겨나게 된다. 이 단계에 도달하면 말의 개수가 도대체 얼마나 되는지, 그런 말들은 서로 어디가 어떻게 다른지 등에 대한 가설을 세울 수 있게 된다.

말의 개수를 세다

언어의 다양성이라는 측면에서 인식이 크게 진전될 수 있었던 것은 복수의 언어를 지배 지역 내에 거느리고 있던 대제국, 혹은 인류 모두에게 신의 복음을 전파해야 했던 기독교 선교사들의 존재에 의해서였다. 이리하여 16세기 이후에는 세계 곳곳의 다양한 언어들의 견본을 모은 박언집博言集이 나올 정도가 되었다. 박언집이 널리 전파되어 다언어의 존재가 일반적인 지식이 될 수 있었던 이유, 물론 인쇄술 덕분이었다. 러시아에서는 표트르대제에서 예카테리나여제 시대에 걸쳐 200가지가 넘는 서로 다른 언어를 비교 대조한 자료가 집대성되었다. 그런 시도를 부추기며 사업을 진전시켰던 사람은 언어에 대해 지대한 관심을 가졌던 라이프니츠였다.

그로부터 200년의 세월이 흐른 오늘날, 과학은 과연 이 지구상에 얼마나 많은 언어가 존재하는지, 정확히 그 숫자를 말해줄 수 있게 되었을까. 사람에 따라서는 3000개 정도라는 사람도 있지만, 족히 6000개는 될 거라고 말하는 이도 있다. 어느 쪽이든 그 숫자는 극히 대략적인 것에 불과하다. 한때 프랑스 아카데미가 2796개라며 자신감 넘치는 숫자를 제시했지만, 애당초 그런 숫자는 도저히 오랫동안 버틸 수 있는 성질의 것이 아니다. 왜냐하면 그 후 세계 곳곳에서 특정 언어의 마지막 사용자가 세상을 떠났다는 보고가 전해져 왔고, 그때마다 말의 개수도 감소했기 때문이다.

그러나 추정해 보건데 아무래도 줄어드는 것보다는 늘어나는 쪽이 훨씬 많을 것 같다. 왜냐하면 언어란 계속 없어지기만 하는 것이 아니라 새롭게 만들어지는 경우도 있으며, 심지어 조사되지 않은 채 남아 있던 미지의 언어가 얼마든지 새롭게 발견될 수 있기 때문이다. 인간은 다른 천체 위에까지 발자국을 남길 수 있게 되었지만, 정작 지구상의 일에 대해서는 여전히 미지의 영역이 남아 있는 것 같다. 특히 말의 조사를 가로막는 요인은 다양하다.

지금 일본에서는 얼마나 많은 사람들이 외국어 연구에 임하고 있을까. 영어를 필두로 그 숫자는 엄청날 것이다. 그러나 특정 언어에는 몇천 명, 경우에 따라서는 몇만 명이나 되는 연구자들이 모여들 정도지만, 어떤 언어는 단 한 명의 연구자조차 가질 수 없는 경우가 있다. 개개의 말에 대한 연구에는 현저한 편차가 있으며, 지역적으로도 다수의 말들을 사용하고 있음에도 철저히 등한시되는 곳이 있다.

이런 지역 중에서도 유독 유명한 장소 중 하나로 뉴기니를 꼽을 수 있다. 이 섬에서만 500에서 700개의 언어가 존재할 것으로 예상되고 있으며, 1000개에 달할지도 모른다고 추정하는 사람도 있다(「보편요소와 유형론 연구」 모스크바,

1974). 이런 언어들은 여러 갈래로 나뉜 부족들의 제각각 고유한 언어들이다. 대부분의 사람들은 문자도 문명도 가지지 못한 이런 미개인들의 말을 연구해봐야 무슨 소용이 있겠느냐고 생각할 것이다. 그러나 언어학이라는 측면에서 상당히 유용한 경우가 있을 수 있다. 예를 들어 언뜻 보기에 평범한 곤충이나 식물의 새로운 종을 발견함으로써 진화 과정의 중요한 공백을 멋지게 메울 수도 있다. 하지만 비단 그런 경우에만 국한되지 않을지도 모른다. 왜냐하면 말은 사회라는 개성적인 환경에 대해 특별한 관심이 있기 때문이다. 세속에서의 유용성과 학문에서의 유용성이 같을 수 없다는 사실은 어떤 학문에서든 어느 정도는 이해가 된다. 하지만 언어학 입장에서 불행한 점은 어떤 말을 배우고자 했을 때, 그 동기가 대부분 그 말을 사용할 수 있다는 '실용성'에 전적으로 의거하고 있다는 점이다. 이처럼 언어학이라는 학문은 애당초 모순된 자세를 드러내고 있다. 실용성을 동기로 삼는 말에 대한 연구임에도 불구하고, 그런 실용성을 무시하고 접근해야 하는 경우가 있기 때문이다. 물론 그렇다고 닥치는 대로 아무 언어나 조사하지는 않는다. 연구자가 어떤 말에 대한 연구를 결심할 정도라면, 경우에 따라 자칫 평생을 허비해버릴 만큼 엄청난 시간을 쏟게 될 수도 있으므로 어느 정도 전망이 보일 때 착수하기 마련이다.

어쨌든 뉴기니섬의 언어 상황을 조사한 것만으로도 당장 말의 개수가 달라질 것이다. 인간의 정신에는 나약한 구석이 있어서 제대로 된 숫자가 제시되고 교과서 같은 곳에 버젓이 실리면 그제야 안심이 되고 마음이 편안해진다. 하지만 제대로 된 숫자를 제시한 바로 그 순간, 자칫 언어학이 언어의 본질을 잘못 파악했거나 스스로 거짓말을 했거나 다른 사람을 기만하는 사이비 학문으로 전락해버릴 우려가 있다.

여기까지 언급한 내용만으로는 언어의 숫자를 확정하는 어려움의 본질적인 이유까지는 알 수 없다. 그것은 대상에 다가가기 위한 어려움에 불과할 뿐, 언어 그 자체의 본질에 내재된 어려움이 아니기 때문이다. 가장 어려운 점은 어떤 경우에 특정한 말이 '하나의 말'이라고 판단하여 계산에 넣을 수 있는지, 다시 말해 말이라는 단위가 과연 어떤 기준으로 나뉠 수 있는지에 존재한다.

류큐어일까, 아니면 류큐 방언일까

"말이란 무엇인가"라는 흔한 물음은 좀 더 엄밀히 바꿔 말하면, "어떤 '하나의 말'이란 무엇인가"라는 것이어야 한다. 예를 들어 일본어와 조선어로 나누고 그에 대해 살펴보면 두 말은 별개의 말이지만 각각 '하나의 말'로 간주되고 있다. 학문적으로나 정치적으로나 일반적인 지식으로 그렇게 생각되고 있는 데 그치지 않는다. 각각의 말을 구사하는 소박한 일반인들이 서로 이야기를 나눠 보고, 역시 다른 말이라고 쌍방이 인정할 수 있을 만큼 그 근거를 가지고 있다. 하지만 예를 들어 류큐어와 일본어와의 관계는 과연 어떨까. 예를 들어 나는 류큐 방언을 전혀 알아들을 수 없다. 중앙 일본을 의식한 형태로 타협한 류큐 방언이 아니라, 있는 그대로 구성지게 발음된 류큐 방언의 경우가 그렇다는 이야기다. 혹시라도 조금이나마 이해된 것 같은 기분이 들었다면, 그곳 역시 일본의 일부이니 그곳 말도 결국 일본어의 방언 중 하나일 거라는 편견이 이미 머릿속에 주입되어 있었기 때문일 것이다. 같은 일본어를 하고 있는 거라는데 도무지 이해가 되지 않을 때, 우리들은 농담처럼 지금 외국어로 말하는 거냐고 물어보곤 한다. 그러나 일본어라면 분명 이해가 갈 것이라고 생각하는 입장에서, 이해가 안 된다는 점으로 치자면 류큐어나 외국어나 매한가지인 것이다.

그러나 이런 표현은 류큐인, 혹은 오키나와현의 주민 감정을 매우 상하게 할 수도 있다. 하지만 경우에 따라서는 정반대로 환영받을 수도 있다. 류큐가 정치적으로나 문화적으로 일본과 불가분의 관계에 있는 일본의 일부라고 믿으며, 특히 미국의 점령 시절 일본으로의 복귀를 강하게 열망했던 사람들 입장에서 본다면, 일본어와는 다른 류큐어의 측면에 대해 생각하는 것은 오키나와 복귀 운동에 방해가 된다는 인상을 주게 될 것이다. 어쩌면 '류큐어'라는 표현마저 자칫 일본과의 분리 획책에 힘을 보태는 것이라고 비난받을 수 있다. 그런 사람들 입장에서는 어디까지나 일본어에 속하는 하나의 변종, 즉 가고시마 방언 등과 나란히 열거되는 류큐 '방언'이라고 주장할 것이다.

요컨대 어떤 말이 독립된 '언어'인지, 아니면 어떤 언어에 종속되어 그 하위 단위를 이루는 '방언'인지는, 그 말을 하는 사람들이 놓인 정치적 상황이나 그들의 의사에 따라 결정되는 것이지, 결코 동식물 분류처럼 자연과학적 객관주의에 의해 일의적一義的으로 결정되지 않는다. 세계 각지에는 언어학의 냉정한 객관주의 따위는 전혀 개의치 않고, 지극히 소규모의 방언적인 말이 스스로 독립된 언어라고 주장하는 경우가 있다.

예를 들어 사이타마현埼玉県(도쿄 북부에 인접한 현-역주)보다도 규모가 약간 작은 룩셈부르크에서는 국민 대부분에 해당하는 약 30만 명의 사람이 독일어와 아주 비슷한 '방언' 혹은 '말'을 모어로 하고 있다. 이 '말'은 외국인이라도 독일어가 어느 정도 능숙한 자라면 충분히 의사소통이 가능할 정도로 독일어와 유사하다. 때문에 무심코 들으면 그저 독일어라고 생각해버리기 십상이다. 하지만 그렇다고 해서 그게 독일어냐고 행여 물어본다면 자칫 상대방의 기분을 매우 상하게 할 수 있다. 그들은 독일어와는 확연히 다른, 자신들만의 고유한 Luxemburgisch, 즉 룩셈부르크어라고 주장할 것이다. 그러다가 화제는 어느새, 인접국 언어이자 자국의 공용어이기도 한 프랑스어나 독일어와 함께, 룩셈부르크어 수업도 초급 학교 수업에 도입해야 한다는 주장으로 발전해갈 것이다(현재는 룩셈부르크어).

만약 이른바 중국어라는 일대 방언군에 순수한 언어학적 척도를 적용시킨다면, 한족 계열 중 독립 언어를 가진 독립국가를 적어도 이삼십 개는 세워야 할 것이다. 하지만 서로 대화가 통하지 않을 정도로 거리가 먼 언어이긴 하지만, 한자라는 공통된 문자로 이어져 있다. 아울러 의식적인 측면에서도 기껏해야 방언일 뿐이라고 서로 느끼고 있다. 그 배경에는 중화민족이 하나라는 이데올로기가 굳건히 자리 잡고 있기 때문이다. 방언임을 잊게 해주는 문자의 역할은 이후 다룰 이디시어Yiddish(아슈케나즈 유대인이 사용했던 서게르만어군 언어-역주)에서도 강하게 드러나고 있지만, 여기서 일단 확인해두고 싶은 것은, 언어학 입장에서 그 첫 단추를 채울 때 연구대상의 설정이라는 측면에서 커다란 어려움에 봉착한다는 점이다. 과연 '말'이란 무엇이란 말인가.

언어의 명칭

　애당초 어떤 언어에 대해 말하려고 할 때, 그것은 언어 이
외의 이름에 의해서만 부를 수 있다. 재미있는 사실이지만,
일반적으로 어떤 언어의 이름은 그 언어 자체 속에서는 나
오지 않기 마련이다. 예를 들어 '일본어'라고 말할 때, 그것
은 일본이라는 '나라'를 본거지로 하면서 동시에 일본 민족
이 사용하는 말을 가리킨다. 따라서 일본어의 경우 국가명
과 민족명과 그곳에서 사용되는 언어명이라는 세 가지 모
두가 일치하고 있다. 이것은 중간 정도부터 비교적 소규모
국가의 경우에서 보이는 타입이다.

　하지만 아이누어를 예로 들어보자. 아이누 국가는 현존
하지 않기 때문에 그 말의 명칭의 근거는 그 말을 사용하는
아이누인이라든가 아이누 민족에 있다. 이런 타입에 속하
는 경우는 국가를 가지지 않는 이른바 소수 민족의 경우다.
중국이나 소련 같은 다민족 국가 안에는 이런 종류의 언어
가 다수 사용되고 있다. "중국"이라든가 "소련"이라든가 "미
합중국"이라는 국가명에는 이런 소수민족의 이름은 물론,
그 국가를 짊어진 주요 민족의 이름조차 전혀 드러나지 않

고 있다. 해당 국가명에 복수의 민족명을 든 드문 예는, 체코 민족과 슬로바키아 민족으로 구성된 연방공화국인 체코슬로바키아 정도일 것이다.

중국과 소련을 비교하면서 논할 때 국가 기구에 커다란 차이가 있기 때문에 구별해두어야 한다. 중국은 전 국토가 나눌 수 없는 한 덩어리로 취급되고 있다. 하지만 소련의 경우 15개에 이르는 각 공화국을 구성하는 주요 민족의 언어는 각각 "국가의 언어"라는 지위를 부여받고 있다. 각 공화국 안에서 더더욱 하위에 위치한 자치공화국의 언어도 그 영역 안에서는 형식상 국가의 언어다.

어떤 민족은 국가를 가질 수 있지만, 또 다른 어떤 민족은 국가를 가질 수 없다. 이는 그 민족 스스로의 의사에 따른 결과가 아니다. 중국 안에는 티베트 민족, 몽골 민족, 위구르 민족 등 고도의 문화와 역사와 고유어를 가진 민족들이 있다. 이들 역시 독립 국가를 세울 힘을 가지고 있으면서도 그렇게 하지 못하고 있다. 이것은 결코 그들의 뜻이라고 할 수 없다. 일본의 아이누 민족만 해도 마찬가지다. 아이누인의 현재 상황은 결코 아이누인의 의지에 의한 것이 아니다. '아이누어 사회'는 어쩌면 사라지고 말았다고 할 수 있을지도 모른다. 하지만 아이누어 자체는 여전히 멋지게 살아남아 있기 때문에, 조건만 갖춰진다면 아이누어 사회의 회복도 완전히 불가능한 것은 아니다. 실제로 이스라엘 공화국에서는 헤브라이어가 무려 몇천 년 동안의 잠에서 깨어나기도 했다. 표기언어로서의 오랜 전통을 간직하고 있는 헤브라이어와 아이누어는 상황이 다르다고 지적할 사람이 있을지도 모르지만, 나중에 언급하는 바와 같이(제8장), 그것역시 극복이 불가능할 정도의 치명상은 아니다. 그 어떤 언어이든지 국가를 얻을 수만 있다면 충분히 쓸모 있는 언어가 될 수 있다.

언어학적 입장에서 어떤 언어를 사용하는 민족에게 국가의 존재 여부는 언어 그 자체의 가치를 전혀 좌우하지 않는다. 중요한 것은 민족, 혹은 그와 유사한 에스닉ethnic 집단이기 때문이다. 소쉬르는 자신의 『일반언어학강의』 안에서 "민족nation을 만드는 것은 일반적으로 언어다"라든가 "민족적 단위unité ethnique를 만들어내는 것은 어느 정도까지는 언어의 공통성에 의한다"라고 언급하고 있다. 규정하기 어렵고 복잡한 성격을 가진 민족이라는 인간 집단을 다름 아닌 그들의 언어에 의해 정의하는 방법, 이것은 마르크스주의의 민족 이론을 포함한 모든 과학적 사고에 공통적으로 발견되는 발상이다. 하지만 "언어(의 명칭)는 원래 민족(의 이름)에 의해 결정되는 것이 아니라, 오히려 그 반대라고할 수 있다"(코세류[Coseriu], 루마니아 출신의 언어학자-역주)라는 것은 지나친 표현이다. 일본어라는 이름은 그 언어 자체의 이름에서 나온 명칭이 아니라 일본인이나 일본 국민이 사용하는 말이기 때문에 일본어라고 부른다. 거의 유일하게 보기 드문 예외는 "독일어"라는 언어명이라고 한다. 그것은 8세기 무렵 라틴어 혹은 그 흐름을 이어받은 로망스계 이외의 속어를 가리키는 테우디스크theodisk, 혹은 디우티스크diutisk라는 형용사에서 시작되었고, 이윽고 그런 속어를 말하는 여러 종족을 지칭하는 이름으로 전용된 것이라고 한다(레오 바이스게르버[Leo Weisgerber], 독일의 언어학자-역주). 거기에서 Dutch, Deutsch(독일어로 '독일어'-역주), tedesco(이탈리아어로 '독일의, 독일인, 독일어'를 나타냄-역주) 등 현대에 사용하는 여러 가지 형태가 나타나게 되었던 것이다.

한국어와 중국어

세 번째로 여기서 제목으로 제시한 두 가지 언어의 예가 보여주는 것처럼 언어명이 국가명에 의해 결정되는 경우가 있다. 보통 대부분의 경우 '일본국어', '프랑스국어'라는 식으로 말의 이름을 국가명으로 나타내지는 않는다. 혹은 고유명사로서의 말 이름에 국가 이름은 들어 있지 않기 마련이다. 민족이라는 것이 언어라는 매개체로 이어지고 있다는 점을 돌이켜 생각해보면 자연스러운 일일 것이다. 민족은 국가보다 좀 더 근원적인 관계를 형성하기 때문이다. 그런데 세계에서 드문 예로 '한국어'와 '중국어'가 있다. 이 경우는 한자를 사용하는 일본어에서만 발견되는 특수한 언어명이다. 양쪽 모두 언어 그 자체보다는, 각각의 국가에 대한 정치적 관심 때문에 생겨난 이름이다. 즉 학문 외적인 정치적 사정으로 인해 요구된 언어명인 것이다.

조선 반도에서는 그 정치적 경계선을 불문하고 하나의 '민족'에 의해 하나의 언어가 사용되고 있다. 그런 인식 위에 선다면 이 언어는 조선어라고 부르는 것이 훨씬 자연스럽다. 이에 반해 '한국'이라는 '국가'를 단위로 언어의 호칭을 결정하면 어떻게 될까. 만약 그렇게 하면 조선 반도 전역에 걸쳐 있는 언어를 한 국가에만 한정해버리는 것이 될 테고, 경우에 따라서는 국경 외에서도 사용되는 동일한 언어를 배제하게 될 것이다. 그런 측면을 고려한다면 부적절하다고 할 수도 있다. 그렇게 되면 두 곳이 각각 서로 다른 언어의 존재를 주장할 가능성이 생기게 되고, 자칫 두 개의 민족이 존재한다고 주장하게 될 수도 있다. 그런 주장이 현실에 존재하는 민족의 상황과 대응하지 않는다면 이 호칭은 결국 모순된 표현이 될 것이다.

'중국어'의 경우는 오히려 이와 반대 케이스라고 할 수 있다. 중국 내에는 한민족 이외에 무려 50개 이상의 서로 다른 언어를 가진 민족들이 거주하고 있다. 현실에 실제로 존재하는 것은 이런 개개의 민족명에 의한 각각의 언어일 뿐이다. 중국이라는 국가에 대응하는 단일한 언어는 존재하지 않기 때문이다. 따라서 일본에서 말하는 중국어는 보통 한족의 언어를 가리키기 때문에 한어漢語라고 부르는 편이 언어학적으로는 보다 정확할 것이다.

일본 이외의 세계 여러 나라들은 거의 이 원칙에 의거해 이런 언어들을 부르고 있다. 즉 조선 민족의 언어는 예를 들어 코리아어이며, 한민족의 언어는 지나어支那語, 차이나어 등으로 불리고 있다. 중국에 대해서는 "지나"가 제국주의 시대의 기억을 떠올리게 한다는 이유로 사용을 피하고 있지만, 이것은 일본 특유의 현상이라는 점을 알아둘 필요가 있다. 즉 언어 호칭이 정치에 종속된 예라고 할 수 있다. 만약 중국어라는 호칭에 따르자면 러시아어는 소련어라고 불러야만 한다. 언어학자가 정치적 고려를 거친 이후에도 여전히 중국어라고 부르지 않고 지나어라고 부르지 않을 수 없는 이유는, '말'을 국가라는 정치 단위가 아니라 민족 단위에 따라 불러야 한다는 과학적 요구 때문이다.

이상 살펴본 것처럼 언어의 명칭 혹은 그 개수를 세는 방식은 현실에서는 민족이라든가, 경우에 따라서는 피치 못하게 국가의 숫자에 대응하고 있다. 하지만 그것은 자연이 아닌 국가의 요구에 따라 만들어진 단위이기 때문에 그 요구대로 모두를 따르게 한다면 과학은 그 첫걸음부터 정치권력에 종속되게 될 것이다. 그리고 정치권력에 종속되는 순간 과학은 더 이상 과학이 아닌 것이 된다. 왜냐하면 과학은 과학 이외의 뭔가가 되기 위해 태어난 것이 아니기 때문이다.

19세기 이후 언어학이 과학이 되기 위해 항상 모범으로 삼아왔던 동식물학의 비유로 표현해보자. 즉 그곳이 설령 북한이든 한국이든, 시금치는 시금치고 참새는 참새라고 부를 수밖에 없다. 요컨대 시금치나 참새의 정치적 분류가 난센스인 것처럼, 언어의 분류는 언어 그 자체의 원리에 따라야 한다는 말이다. 언어의 과학에 있어서 이것이야말로 다른 요소에 의존하지 않는, 언어 자체에 충실한 분류 원리라고 할 수 있다.

"언어"인가, 방언인가

언어의 자율성을 믿으며 그것을 지키려는 입장을 취하는 사람에게 언어의 분류가 언어 그 자체가 아닌 언어 외부의 민족이나 국가 등의 단위에 의해 이루어지는 것은 도저히 견딜 수 없는 일이다. 즉 국가가 출현하기 이전부터 언어는 존재했으며, 당연히 사람들은 민족을 형성하기 이전부터 언어를 사용하고 있다. 때문에 언어는 이런 집단에 대해 절대적인 '우선순위Priority'를 가지고 있다.

그러나 앞서 언급했던 것처럼 각 언어의 개수를 세어나갈 때 언어 고유의 원리에 의한 분류가 어디까지 관철될 수 있을까. 까다롭기 그지없는 것은 "언어"와 "방언"의 구별이다. 이런 표현들은 종종 별도의 구별 없이 일본어에서 모두 '말'이라고 표현되고 있기 때문에, 그 구별이 자각적으로 확실히 유지되고 있다고는 볼 수 없다. 그러나 언어학의 개념으로서는 중요한 부분이므로 이에 대해 조금이나마 언급해 두고 싶다.

이 두 가지 용어의 구별을 확실히 해두는 것은 두 가지 측면에서 중요하다. 우선 첫 번째로 "방언"이라는 단어의 일상적인 용법에서는 이와 대립하는 "표준어"보다 가치가 낮은, 열등한 말로서 받아들여진다는 측면이 있다. 하지만 언어학에서 말하는 방언이란 일정한 지역 내에서 사용되고 있는, 그 지역 특유의 말이라는 정도의 의미다. 따라서 방언에는 지역에 의한 차별의식을 개입시키고 있지 않다. 때문에 예를 들어 도쿄에서 토착화된 말은 도쿄 방언이라고 부르는 것이다. 그 경우 도쿄 방언과 이바라기茨城(도쿄로부터 가까운 현-역주) 방언을 비교하며 한쪽이 다른 쪽에 비해 열등한지를 문제 삼는 사람이 있다고 해도 그것은 "방언"이라는 말의 죄가 아니라 토지 그 자체에 부가된 사회적, 문화적 차별의식 탓이다. 방언이란 추상적인 "언어" 혹은 "○○어"가 각 지역에서 표현된 구체적인 모습이다. 하지만 하나하나의 방언과 이런 방언들을 초월한 "언어" 상과의 사이의 거리(감)은 개개의 방언에 따라 다르기 마련이다. 그 중심적인 "언어" 상에서 멀어지면 멀어질수록 그 방언도는 높아지고, 더더욱 멀어지면 더 이상 방언이 아니라 별개의 "언어"가 된다. 방언에 머물러 있는 편이 바람직하다고 생각하고 안주할지, 이왕 이렇게 된 바에야 별개의 "언어"가 되어버리는 쪽을 택할지는, 그 언어를 사용하는 사람들이나 언어 공동체의 의사에 전적으로 달려 있다(제7장 참조). 그리고 중앙 정부는 "방언"이 "언어"가 되어버릴 것을 두려워하며 항상 경계를 게을리 하지 않는다. 방언의 "언어"화는 그 지방 언어 사용자들로 하여금 분리 독립운동으로 이끌 위험성을 내포하고 있기 때문이다.

　다양한 유럽의 언어들에서는 이 구별이 의식적으로 확실히 인식되고 있어서, 언어는 language, langue, Sprache 등으로 표현되며 방언인 dialect와 대립하고 있다. "언어"와 "방언" 모두 '말'이라는 점에서는 다를 바가 없다(때문에 나도

이하에서 "언어"인지 "방언"인지 확실히 하고 싶지 않을 때는 그 대립에서 벗어난, 보다 일반적인 '말'이라는 단어를 사용하기로 하겠다). 하지만 언어는 방언보다 '격이 높고', 방언은 언어에 의존한다. 즉 방언이라는 것은 그보다 '상위의', 보다 '커다란' 말인 언어의 하위 단위다. 일본어, 독일어는 각각 언어이지만 이에 반해 이바라기 방언, 알레만 방언(게르만어에 속하는 상부 독일어의 방언-역주)은 각각 일본어가 있기에 가능한 이바라기 방언, 혹은 독일어가 있기에 가능한 알레만 방언이라고 생각되고 있다.

이상의 고찰을 통해 추출해낼 수 있는 사항은 언어란 그것을 구성하는 다양한 여러 방언들을 종합하고 그런 바탕 위에서 초월적으로 군림하는 일종의 '방언을 초월한' 존재라는 사고방식이다. 그것은 머릿속으로만 그려낼 수 있는 극히 추상적인 것이기 때문에, 그 누구도 아직 말해본 적 없는 이른바 '일본어'라는 이름과 그에 대한 관념만이 선행하는 추상 언어라고 표현할 수도 있다. 따라서 언어라는 것은 결국 머릿속에서만 존재하는 허상이다. 다른 표현으로 말하자면 언어는 방언을 전제로 하고 방언으로만 존재한다. 이에 반해 방언은 언어에 선행하여 존재하는, 곁길로 샐 수 없고 몸에서 벗겨낼 수 없는 구체적이고 토착적인 말이다. 그것은 관념 속에서만 존재하는 말이 아니라는 의미에서,

각국 수도에서 사용되고 있는 일상의 말들은 엄밀히 표현하면 관념 속의 표준형에 극도로 가까워진 '수도 방언'이라고 할 수 있다.

국가가 언어를 만든다

한 무리의 사람들을 가리켜 "저 사람들은 영어로 말하고 있다"라고 말할 경우, 사람들마다 제각각 다르다고 해도, 세간 사람들이 대체로 머릿속으로 생각하고 있는 영어의 이미지에 맞는다면 그런 말들은 모두 영어라고 인정된다는 이야기다. 그러나 그 내용이 결코 똑같지 않고 합성적으로 모아놓은 것이라도, 영어라든가 일본어라고 말하면 자칫 균질적이고 단일한 것처럼 생각해버리기 쉽다. 그런 생각이 들게 해주는 이유는 문법이라는 책과 사전이 있기 때문이다.

하지만 때로는 귀로 들은 말이 자신이 막연히 생각하고 있던 일본어, 요컨대 "언어"의 이미지에 맞지 않을 경우, "이게 대체 일본어일까"라며 특정 지방 사람들끼리 상호 혐오감을 느끼며 일본어에서 배제하고 싶다는 기분에 휩싸이는 경우가 있다. 이 경우 마음에 들지 않는다는 이유로 일본어에서 배제당한 말은 과연 어떤 언어로 취급될까. 이렇게 배제된 말들을 유럽인은 자곤jargon이나 파트와Patois, 나아가 링고lingo 등으로 부른다. 불쾌감을 노골적으로 드러낸 멸시의 용어들을 준비해놓고 있는 것이다. 그러나 어떤 일본인이 말을 했을 때 다른 일본인에게도 곧잘 이해가 되는 말을 과연 일본어라고 판단할 수 있을지, 그 여부는 판단을 내리는 사람의 성장과정(언어적 배경)이나 정치적, 문화적 편견의 강도에 따라 달라진다.

지금까지는 "언어"와 "방언"을 구어체라는 표현 형태에서만 관찰했다. 한편 글로 적는다는 측면에서 보면, "언어"는 대체로 글로 작성되고 이로 인한 문학이 존재하며 신문이나 교과서가 인쇄된다. 그에 반해 "방언"은 보통은 글로 작성되는 경우가 드물다. 일단 방언이 글로 작성되면 독일어에서는 그것을 Schriftdialekt "문장 방언"이라고 부르는데, "문장 방언"은 이미 "언어"를 향한 첫걸음을 떼고 있는 것이다. 실제로 19세기 이후 단순한 방언의 지위에 놓여 있던 수많은 말들이 국가의 말, 즉 '언어'가 되기 위해 스스로 "문어체"를 소유하게 되었다.

이 마지막 부분에서 언급했던 것처럼 '언어'라고 불리는 말, 일정한 자격을 얻은 말은 대부분 국가의 말이 된 상태다. 앞서 인용한 소쉬르의 "민족nation을 만드는 것은 언어다"라는 표현을 빌려 보자면 "언어를 만드는 것은 국가다",

혹은 "국가가 말을 만든다"라는 식이 될 것이다. 이런 사정을 단적으로 표현해낸 사람은 프리츠 마우트너Fritz Mauthner였다. "우리들이 그 역사를 아는 한, 근대문화언어Kultursprache 형성에 결정적인 영향을 끼친 것은 바로 정치사다"라고 언급한 바 있다. 즉 언어학이 방언이나 국가어 등, 말의 사회적 형태를 다루는 길로 한 걸음이라도 발을 들여놓으면, 언어학은 이미 정치학이라는 추잡한 영역으로부터의 오염을 면할 길이 없어진다.

문학, 문법서, 사전 등 글로 쓰는 것에 의한 다양한 문화적 부속물, 그리고 국가라든가 경우에 따라서는 민족 등의 외적인 부착물은, 실은 언어 그 자체의 내부구조와는 아무런 관련도 없으며, 오히려 언어 위에 장막을 치고 사람들의 눈을 기만하여 언어 그 자체의 모습을 볼 수 없게 만든다는 것이 소쉬르의 생각이었다. 소쉬르의 입장에서는 다른 어떤 학문에도 의존하지 않는 "그 자체로서의, 그 자체를 위한 언어"의 과학이 필요했던 것이다.

그 자체로서의 언어

일반적으로 19세기 이후의 언어학은 그 자체로서의 언어를 끄집어내기 위한 노력의 연속이었다. 그 점에서 보자면 소쉬르 이전의 역사언어학과 소쉬르의 몰역사언어학과의 사이에는 그 어떤 단절도 없다. 언어학이 과학이 되기 위해서는 말에 부가되어 있는, 혹은 말에 등급을 달아 차별하는 모든 외적 권위를 떼어내야 한다. 이리하여 말로부터 우선 문학이 축출되고, 다음에는 국가나 민족이 추방당했다. 그러나 가장 중요한 과제는 그 말을 하는 사람을 추방하는 것이었다. 말 자체는 서로 차별하지 않기 때문이다. 차별을 저지르는 것은 각각의 말을 구사하는 인간들인 것이다.

말은 반드시 일정한 집단을 배경으로 하고 있으며 그것을 계속 구사하는 사회 없이는 존속하지 않는다. 하지만 오로지 언어만을 응시하는 입장에 서서 어떤 말을 구사하는 사회의 규모라든가 질은 기꺼이 무시해야 한다. 즉 소쉬르에게 필요했던 사회란 하나의 말을 이끌어내는 수단으로서만 필요했을 뿐이며, 일단 그것을 손에 넣으면 더 이상 사회 쪽은 돌아보지 않고 과감히 떼어내야 했다.

그 사회가 설령 수억 명의 인구를 가진 거대 국가든, 아니면 고작 수백 명에 불과한 소규모 부락이든, 혹은 대상이 문학이든, 아니면 우물가에서 주고받는 말이나 노예 무리들 사이에서 주고받던 말이든, 말은 결국 말일 뿐이다. 때문에 말에 차별적 시각을 두지 않는 것이 언어학의 입장이라고 할 수 있다. 이런 입장에서 보자면 언어, 방언, 말, 국어 등

등… 현실에서 사용되고 있는 일상의 용어는 모두 과학 용도로는 쓸 수 없다. 그 모든 것이 말을 가리키는 동시에 등급이나 차별, 평가를 부가하고 있기 때문이다. 그래서 소쉬르는 여타의 색채를 포함하지 않은 궁극의 말을 추출해내기 위해 그리스어에 기원을 갖는 이디엄idiome이라는 단어를 택했던 것이다.

소쉬르는 이 단어를 사용할 경우의 이점에 대해 설명하며 "이디엄이라는 단어는 어떤 사회의 고유한 특징을 반영하는 것으로서의 언어를 매우 적절하게 나타낸다(그리스어의 이디오마idioma에는 "특별한 풍습"이라는 의미가 있다)"라고 언급한다.

이디엄을 고바야시 히데오小林英夫는 "특유어特有語"라고 번역했다. 이 번역은 어원에는 가까울지도 모르지만 보통과는 어딘가 다른, 뭔가 특별한 단어 같은(예를 들어 특수어[特殊語] 같은) 뉘앙스를 동반할 우려가 있다. 그래서 나는 오히려 '고유어'라고 번역하는 게 어떨까 싶다. 그것은 고유한 역사를 가진 고유한 집단에서 사용되기 때문에 고유명사로 불리는 단위일 수 있기 때문이다. 그렇다고 해도 나는 내 번역어를 고집할 생각은 없다. 중요한 것은 소쉬르가 말하고자 했던 핵심만 포착하면 된다.

이디엄이라는 단어의 원용함으로써 말에서 차별이나 위

신의 요소를 제거했다면 동시에 그것을 사용하는 사회, 즉 국가, 수도, 마을 혹은 중앙, 지방 등으로부터도 그 차별과 순위매기기라는 측면을 제거해야만 한다. 그때 꺼내들 수 있는 것이 언어공동체 communauté linguistique라는 개념이다. 이를 통해 모든 언어사회는 고유어=언어공동체라는 관계를 형성하면서도 대등하게 나란히 함께 할 수 있게 된다. 소쉬르의 시도는 바로 언어에 들러붙어 있던 사회적, 정치적 위신을 유명무실하게 하는 작업이었다.

소쉬르가 우리들에게 보여주고자 했던 것은 언뜻 보면 실로 평범하고 하찮은 일처럼 생각될 수도 있다. 하지만 실은 그렇지 않다. 평범한 사람들은 항상 말을 차별이라는 필터를 통해 바라보는 것에 익숙해져 있기 때문에 그로부터 빠져나오는 것이 의외로 쉽지 않기 마련이다. 소쉬르는 그런 필터를 제거해버린 후, 말 자체를 우리들의 눈앞에 가져다 놓아주었다. 그런 과정을 거쳐 비로소 우리들이 일상적으로 '말'을 지칭했던 이름이 얼마나 차별적인 색조로 얼룩져 있었는지 분명히 알 수 있었다. 차별이 포함되어 있지 않으면 '말' 자체를 지칭하는 것마저 불가능할 정도였던 것이다.

우리 모두는 어머니를 통해서 일본어를 처음으로 배웠다.

———야나기다 구니오

제2장
모어의 발견

어머니의 말

소쉬르가 제시한 최소한의 기본적 언어 단위인 이디엄id-iom(고유어[固有語])과 그에 응하는 언어공동체와의 관계는 그 어느 쪽이 상대 쪽보다 선행하는 것이 아니라, 상호 간에 서로가 서로를 규정하고 있다. 즉 한 무리의 언어공동체가 있기 때문에 하나의 단위를 이루는 고유어가 사용되고 있으며, 반대로 고유어가 있기 때문에 그 고유어를 공유하는 하나의 언어공동체가 성립할 수 있었던 것이다.

그런 의미에서 '말'이란 것의 본질과 마찬가지로 이런 고유어는 일단은 사람들에게 사용되어야 비로소 의미가 있다. 드물게 '문자'만 있어서 글로 작성되는 경우가 있을 수도 있으나, 문자는 결국 이차적으로 부가된 것에 지나지 않는다. 이 점이 매우 중요해서 귀에 못이 박힐 정도로 반복해둘 필요가 있다. 현실 속에 존재하는 언어공동체가 사용하는 말이지만 구두로만 사용되며 글로 작성되지 않는 말은 존재하지만, 반대의 경우, 즉 글로만 작성되며 실제로 구두로 소통되는 경우가 없는 말은 존재하지 않는다. 요컨대 말하는 행위는 언제나 쓰는 행위에 선행한다. 이처럼 똑같은 소리를 몇 번이고 반복하는 이유는, 이와는 반대되는 시각이 지금도 여전히 통용되는 경우가 있고, 그것을 논한 책이 널리 읽혀지고 있기 때문이다. 예를 들어 다음의 일례를 살펴보자.

"구어문이란 어디까지나 문어문의 붕괴, 내지는 변주임에 틀림없다."(마루야 사이이치[丸谷才一] 「일본어를 위해[日本語のために]」)

문어문 역시 그 이전에는 구어문이었기 때문에, 이 일절은 오히려 "문어문이란 수백 년 이전부터 더 이상 구어에 사용되지 않아 죽은 말이며, 구어문이란 지금 실제로 사용되고(말로 구사되고) 있는 말에 의거하여 글로 작성된 문장이다"라고 바꿔 말해야 한다.

우리들은 모두 어떤 말을 소리 내서 말한다. 의심할 여지가 없는 이 사실에서부터 출발해보자. 사람들은 모두 태어난 지 얼마 되지 않아 그 말이 ○○어에 속하는지 알지 못한 채, 혹은 사회적으로 상당히 멸시받고 있는 말이라는 것을 인식할 겨를도 없이 익혀버린다. 그 누구도 태어나기 전 자신의 어머니를 고를 수 없듯이, 이 세상에 태어난 아이들에게 말을 선택할 권리는 주어지지 않는다. 그저 어머니 품에 안겨 어느새 배우게 된 말이 기실은 경멸받는 흑인 영어라는 사실, 혹은 도쿄 말과 약간 다른 간사이 지방 방언이라는 사실을 어느 순간 문득 느끼게 될 뿐이다.

하지만 부모들은 새롭게 태어난 이 아이가 아무런 장애 없이 말을 해나갈 수 있을지 끊임없이 걱정한다. 요컨대 인간은 태어나자마자 몸과 말이라는 두 가지 좌표 축 안에 위치하게 되고 그 바깥으로 나가지 않는다. 다시 말해 "우리들은 부모에게 받은 육체를 통해 자연과 연결되며 어머니의 말에 의해 사회와 이어진다"(아이힐러)는 것이다. 이 두 가지 가운데 말은 물론 몸에 의존하고 있지만, 몸처럼 바로 바깥으로 보여 관측할 수 없는 감춰진 부분을 가지고 있다. 때문에 말의 능력은 그 출발점에서 이루 다 가늠할 수 없는 신비하고 섬뜩한 요소를 가지고 있는 것이다.

아이들은 보통 어머니(때로는 어머니를 대신하는 유모)의 젖을 먹고 자라기 시작한다. 아울러 수유라는 행위가 침묵 속에서 진행되는 경우는 거의 드물다. 젖을 물리는 어머니와 젖을 먹는 아이 사이에는, 이와 동시에 말을 걸어주는 어머니와 이에 귀 기울이는 아이의 관계가 반드시 존재한다. 아이가 혼신의 힘으로 젖을 빠는 순간, 아이의 귓전을 통해 어머니의 말 역시 온몸 구석구석에 스며드는 것이다.

말을 한다는 것은 인간에게 기본적으로 소중한 기능이다. 그럼에도 불구하고 그 기능을 다하기 위해 인간은 그 전용 기관을 갖추고 있지 않은 것이다. 어쩔 수 없이 원래는 그저 먹기 위한 기관이었을지도 모를 '입'을 유용하고 있다. 생각해보면 실로 신기하기 짝이 없는 사실이다. 그러나 어머니가 수유 시 말을 걸어준다고 하는, 탄생의 원점으로 되돌아가보면 어느 정도 납득이 가는 측면도 있다.

'젖'과 '말'은 어머니에게서 동시에 흘러들어오기 시작한다. 그리고 이 두 가지를 도저히 나눌 수 없는 최초의 세계도 분명 있었을 것이다. 그런 세계와 처음으로 만났던 시점을 깊이 응시해 봄으로써 말의 본질에 대해 깊숙이 파고들어갈 단서를 얻을 수 있다. 하지만 어떤 문제들에 대해 체계적으로 고찰할 수 있는 훈련이 충분히 가능할 것으로 기대되는 지식인들이 오히려, 종종 이런 사실을 간과해버리곤 한다. 그리고는 느닷없이 말에 대한 논의의 장으로 들어가는 것이다. 즉 말에 대한 논평은 그 시작부터 국가나 정치의 장에 놓여버린 상태다.

라틴어와 라틴계 언어들

소쉬르는 하나의 사회 집단에 공유되는 '하나의 말'이라는 개념을 추출해낸 후, 그것에 고유어(이디엄[idioml])라는 명칭을 부여했다. 그리고 이 개념=도구가 말의 현상에 빛을 비출 경우, 얼마나 다양하고 내밀한 문제를 우리 앞에 드러내주는지에 대해서는 이미 언급한 바 있다.

그러나 태어나자마자 익히기 시작해 무자각 상태에서 이미 자신 안에서 완성되어버린 말, 그것은 바야흐로 육체의 일부나 마찬가지다. 육체의 일부처럼 다른 말과는 바꿀 수 없는 것이다. 말에 대한 이런 개념 역시 고유어의 그것과 마찬가지로, 말과 인간과의 근원적인 관계를 생각할 때 결코 간과해서는 안 될 것이다. 태어나자마자 익히기 시작해 그것 없이는 인간이 될 수가 없으며, 일단 익혀 버리면 결코 몸에서 떼어내 버릴 수 없는 근원적인 말, 이것은 보통 어머니에게 받기 때문에 "어머니의 말", 짧게 말해 "모어母語"라고 부르기로 하겠다.

말을 포착하는 데 "고유어"나 "모어"의 개념이 요구되는 이유는 그 나름의 필요성이 배후에 존재하기 때문이다. 그 필요성에 대한 자각은 일정한 역사적 조건 안에서 발생되는 것이기 때문에, "모어"라는 개념뿐만 아니라 그것을 보여주는 말 역시 역사적이라고 할 수 있다.

자신들이 쓰고 있는 말이 "모어"라고 하고 인식할 수 있게 되기 위해서는 모어가 아닌 말이 우선 있어서, 그에 대립되는 자기 자신의 말이라는 자각이 생겨야 한다. 그 무대는 오로지 글로 작성되는 유일한 언어, 즉 라틴어와, 반대로 결코 글로 작성되는 일이 없는 일상적 구어와의 대립이 드러난 로마 세계였다.

로마의 지배 영역이 광범위해지면서 수많은 토착 언어 역시 그곳에 편입되게 되었다. 하지만 그 당시 문어는 라틴어에 불과했기 때문에 행정, 군사, 문화에 관련된 기록은 모두 라틴어로 이루어졌다. 이탈리아 중부, 티레니아 해Tyr-rhenian Sea(이탈리아 서해안과 사르데냐, 시칠리아 섬들 사이의 지중해 일부-역주)와 마주한 서해안에는 라티움Latium, 오늘날에는 이탈리아어로 라치오Lazio라고 불리는 지방이 있는데, 이 지방의 어떤 부족이 사용하고 있던 언어를 라틴어라고 불렀다. 이 언어는 로마 제국의 언어로 그 지배 지역 전체에 파급되었다. 신기한 것은 이 라틴어를 로마 제국의 이름을 따서 로마어라고 부르지 않고 최초 발상지인 부족의 이름으로 계속 부르고 있다는 사실이다. 이 사실을 오늘날 발견하는 상황과 비교해보면, 국가와 언어의 관계가 그 이후 얼마나 크게 변용되었는지를 미루어 짐작할 수 있다.

라틴어가 퍼져갔던 지역에는 그 이전부터 토착해 있었던 다양한 언어들이 사용되고 있었지만 그런 것들이 구체적으로 어떤 언어였는지를 재구성해보는 것은 쉽지 않은 문제다. 하지만 점점 대세가 되어간 라틴어에 짓눌리면서도 가까스로 명맥을 유지한 것으로 보이는 바스크어라든가, 사라질 때 사라질지언정 라틴어 안에 각 토지마다의 특성을 각인시킨 형태로 그 흔적을 남기고 떠난 수많은 언어들이 있었을 것으로 짐작된다. 어느 쪽이든 이베리아반도의 스페인어, 포르투갈어, 나아가 프랑스어와 그 남쪽으로 이어진 프로방스어, 이탈리아어, 동쪽으로 좀 더 가면 루마니아어 등, 이렇게 현존하는 여러 언어들은 모두 라틴어를 그 조상으로 하고 있다. 라틴어가 각지에서 독자적인 발전을 보이게 된 결과, 그런 언어들이 성립된 것으로 추정되기 때문이다. 이에 따라 이런 언어들은 라틴계 언어들, 혹은 로마 국명에 유래해 로망스계 언어들이라고 불리고 있다.

라틴어는 죽었다

이런 지역에서는 라틴어만이 유일한 문어였고, 일상생활에서는 그와는 전혀 별개의 언어가 사용되고 있었다. 당시 이런 지역에서의 언어생활이 어떠했을지, 그 실태에 대해서는 생각하면 생각할수록 미지의 부분이 많다. 하지만 그곳 사람들의 언어 지식의 유형을 도식화해서 생각해보면, 대략 다음과 같았을 것으로 추정된다.

(1)라틴어를 쓸 수 있을 뿐만 아니라 모어로도 사용하고 있던 사람

(2)라틴어를 쓸 수는 있지만 자신의 모어는 이와 전혀 다

른 사람

(3)라틴어를 전혀 쓰지 않고 이해도 하지 못하며 자신의
　모어도 이와 전혀 별개인 사람

어떤 유형의 사람이 많았을까. 당연히 압도적으로 (3)과
같은 유형이 많다. 우선 여자와 어린이는 예외 없이 여기에
포함된다. 인구의 절반 이상을 차지하는 여자와 아이들은
글이나 정치의 세계로부터 애당초 배제되었기 때문이다.
그들은 태어나면서부터 자연스럽게 익히고 사용하던 말,
즉 모어 이외의 말을 알 리 없었다.

일본에 지나(중국) 고전어, 즉 한문이 도입되었을 때도 동
일한 상황이 발생했다. 외국어(지나·중국어)에 능통한 극히
일부의 엘리트 관료, 문화 관료 이외에는 일체 문자를 알지
못한 채 그저 야마토大和(일본을 지칭하는 표현 중 하나-역주)의 말
을 사용하고 있었다. 만약 여자들까지 지나(중국) 문화에 현
혹된 나머지 한문을 선망하며 일상생활이나 육아에까지 한
문을 사용하려고 했다면 어땠을까. 아마도 야마토의 말, 즉
일본어는 아득히 먼 옛날에 까맣게 잊혀져, 이 일본 열도 위
에는 붕괴된, 야마토 사투리의 처참한 지나어(중국어)밖에 남
아 있지 않았을 것이다. 나중에 다시 설명하겠지만, 민족의
언어를 끈질기게 손에서 놓지 않아 자기도 모르는 사이에

결국 멸망으로부터 지켜낸 사람들은, 먹물이 요란하게 튀기는 교만한 문필가가 아니라, 오히려 평생 글이라고는 배워본 적 없는 무학의 여성들이나 아이들이었다. 때문에 여성들이야말로 일본을 지나화(중국화)로부터 구해내고, 일본의 말을 오늘날에까지 전해준 은인이었다고 말해야 할 것이다.

라틴어는 다양한 언어들을 사용하는 사람들 위에 존재하는 제국의 언어로 군림했으며, 그 아래에 있던 언어들을 시야에서 없애버렸다. 일찍이 그리스어가 유일한 언어였다고 한다면, 이제 라틴어는 유일한 문어였다. 그런 라틴어의 지위를 보장해주었던 것은 로마 제국의 정치권력과 거기에서 파생된 문화적 권위였다. 물론 라틴어를 올바르게 쓴다는 것은 라틴어가 모어가 아닌 여러 민족들 입장에서는 보통 일이 아니었다. 때문에 그들이 일상적으로 사용하던 언어의 민낯이 드러나, 결과적으로 알게 모르게 라틴어의 규범에 균열을 만들었다. 그리고 이런 균열의 축적이 결국 라틴어에서 분리된 언어들에게 독립으로 향하는 길을 열어주게 되었던 것이다.

라틴어가 보급되면 보급될수록, 일상생활 안에서 수많은 사람들에게 사용되면 사용될수록, 고전적인 딱딱함을 잃은 일상어 형태가 라틴어의 세계 속으로 비집고 들어오게 된다. 또한 그 사용 인구가 늘어나면 늘어날수록, 라틴어는 그런 통속적 형식의 침입을 허락하지 않을 수 없었다. 이런 변화는, 여전히 이를 견뎌내고 있던 고전적 라틴어의 규범에서 봤을 때는 어긋난 방향으로 나아가 버린 것으로 판단되었다. 때문에 이를 "통속 라틴어Vulgar Latin"라고 불렀다. 결국 읽고 쓰기가 가능한 계층 중에서도, 보다 교양 있고 제대로 된 라틴어를 쓸 수 있는 사람과, 교양이 부족해서 "통속 라틴어"밖에 쓸 수 없는 사람과의 괴리가 점차 커져갔다. 그렇게 되면 규범적인 라틴어를 쓸 수 있는 사람은 통속 라틴어를 쓰는 사람들의 문법적 오류에 대해 흠을 잡고 조롱할 것이다.

그런데 아이러니하게도 라틴어가 붕괴되어가는 것을 비웃던 "바로 그 순간, 라틴어는 최후의 일격을 맞고 숨통이 끊어졌던"(마우트너) 것이다. 말이 붕괴되어가는 것은 그것이 생명체였다는 증거라고 할 수 있다. 살아가기 위해서는 변화하지 않으면 안 된다. 죽은 말은 결코 붕괴되지 않으며 균열되는 경우도 없기 때문이다.

유럽의 로망스어 세계에서는 고전 라틴어의 교양을 끝까지 과시하며 그 전통을 고수하려던 인문주의자와 오류투성이의 라틴어를 쓰는 사람들 사이에서 문화적 균열이 심화되어갔다. 통속 라틴어를 쓰는 사람들은 조롱의 표적이 되어줌으로써 인문주의자들에게 약자를 괴롭히는 즐거움을 계속 선사했던 것이다. 그리고 그 아래의 언어적 최하층에는 글과는 무관한 말로 나날의 생활을 영위해가던 사람들이 버젓이 존재했다.

단테의 속어론

그러나 이런 일상적인 말, 즉 라틴어 입장에서 보자면 아녀자나 쓸 법한 교양 없는 토속어로 문자를 적고 그것을 '말'로 완성시킨 후, 심지어 이를 바탕으로 문학작품으로 만들어내겠다는 발상을 한 사람이 세상에 나오게 되었다. 이탈리아의 단테라는 사람이었다.

단테는 1304년 『속어에 대해De vulgari eloquentia』라는 한 권의 책을 저술한다. 여기서 그는 자신이 어째서 속어로 글을 쓰는지에 대한 근거를 설명했을 뿐 아니라, 속어는 라틴어보다 탁월하다며 그 장점을 적극적으로 주장했다.

문자는 오로지 라틴어를 위한 것이었으며, 문법이란 라틴어라든가 그리스어만 갖추고 있다고 생각되던 시대였다. 따라서 오늘날 "문법"이라는 의미로 사용되고 있는 grammatica는 라틴어만의 것이었기 때문에 라틴어 그 자체도 그라마티카grammatica라고 불리고 있었을 정도다. 그라마티카에 대립하는 것은 vulgaris(민중[vulgus]에서 나온 말), 즉 속어였다. 때문에 속어를 그라마티카 전용의 문자로 쓰는 것 자체가 얼마나 당치도 않는 발상이었을지 상상해보자.

그러나 단테는 무無에서 느닷없이 홀로 그것을 생각해낸 것은 아니었다. 이미 그 무렵 프랑스 남부의 프로방스에서는 로망스어 문화권 중 최대 규모에 이르는 '속어에 의한 문학 활동'이 성립되고 있었다(제4장 참조). 이런 실례가 단테에게 용기를 주었겠지만, 그럼에도 불구하고 속어가 그라마티카에 비해 얼마나 우위에 있는지를 체계적으로 논증한 최초의 인물은 단테임에 틀림없었다.

단테는 라틴어를 익히기 위해 얼마나 긴 시간이 걸리며 그 학습에 얼마만큼의 노고가 필요한지 언급한 뒤, 결국 그것을 사용할 수 있는 것은 극히 일부에 지나지 않는다고 지적한다. 그에 비해 속어는 아이들에게 말을 할 수 있는 능력이 생기자마자 각자의 환경에서 자연스럽게 터득해갈 수 있다. "그것을 계획적으로 가르치고 주입시키지 않아도 우리들은 유모의 말을 흉내 내면서 이어받는다." 그에 비해 그라마티카grammatica, 즉 라틴어는 특별히 배워야 하기 때문에 이차적이며 부자연스러운 말이라는 것이다.

여기서 이미 "모어"의 개념이 명료하게 나타나고 있다. 사실 이 속어론 안에는 그에 해당되는 'materna locutio'라는 표현이 보인다. 그 후 속어의 기수들은 한발 더 나아가 모어를 젖과 결부시켜, '시'가 속어로 표기된 필연성을 주창해 마지않았다. 호메로스 같은 "고대의 시인들은 모두 젖을 먹으며 흡입한 말la lengua que mamaton en la leche로 글을 쓰지 않았는가"라고, 돈키호테로 하여금 열변을 토하게 했던 사람은 세르반테스였다.

규칙도 문법도 필요치 않고 생리적인 일부로서 어머니로부터 이어받았던 자연스러운 말이다. 단테는 이런 모어를 라틴어에 비해 보다 고귀한 대상으로 파악했다. 왜냐하면 그것은 돈이나 지위를 얻기 위한 말이 아니었기 때문이다. 단테에게 '속어'란 사랑을 위한 말이기도 한다. "시인은 라틴어를 모르는 여자에게도 이해받고자 했기에, 속어의 문학은 사랑에 의해서만 태어난 것이다"라고 말했다(『신생』).

로망스어 세계에는 이후 속어를 "모어"materna lingua라고 부르는 습관이 나타나게 되었고 결국 라틴어와 대립하게 된다. 왜냐하면 라틴어는 부계로부터의 전통에 가치를 둔 고대 로마시대 이래, 'patrius sermo' 즉 "아버지의 말"로 불렸기 때문이다. 즉 모어가 가정의 일상적 말이었던 것에 반해, "아버지의 말"에는 가정 외부의 공적 행사나 일족의 전통과 제도에 대한 초가정적인 언어에 대한 자각이 담겨 있었다. 독일의 언어학자 레오 바이스게르버Leo Weisgerber는 단테의 속어론이 가진 의의에 대해, 그것은 유럽 규모에서의 "모어의 가치와 권리를 가르쳐준 최초의 고지자告知者"라고 언급한 바 있다.

모어의 사상

모어라는 표현은 현대 유럽의 여러 언어들 가운데 아주 자연스럽게 사용되는 흔한 표현이지만, 특히 독일어에서의 일상적 사용은 다른 언어에서보다 월등하다. 레오 바이스게르버는 독일어 이외의 여러 게르만 언어들에서의 오래된 용법을 인용하며 "모어"는 우선 게르만어 세계에서 태어났다가 이후 로망스어 세계로 들어온 것이라고 지적했다. 아울러 단테의 모어 사상도 게르만어의 영향을 받아 태어난 것이라고 강조하기도 했다.

1938년 레오 바이스게르버는 「'모어'는 게르만어인가, 아니면 로망스어인가」라는 논문을 발표하고 그 첫 번째 용례가 나온 해를 1119년으로 파악했다. 이 학설은 "샤론의 사제가 로마교황의 사절이 말한 라틴어를 그 모어materna lingua로 설명했다는, 스트라스부르Strasbourg 출신의 독일인 헷소의 기록"에 근거하고 있다.

스트라스부르(독일과 맞닿은 국경지역인 프랑스 알자스의 중심 도시-

역주)는 예로부터 로망스어와 게르만어 세계가 서로 만나는 언어의 경계선상에 위치했다. 이 지역에서 "모어"라는 표현이 태어났다는 사실은 한쪽에서 다른 쪽으로의 유입을 설명하기 쉽게 해주었다. 그러나 이것만으로 게르만어에서 먼저 나온 표현이라고 단정하기에는 근거가 부족한 감이 있다. 굳이 말하자면 연구자의 경험에서 온 감이거나, 아니면 내부적으로 그런 압박을 느꼈기 때문에 나온 주장일지도 모른다. 분명 독일인은 특별한 감정 없이 그저 "자기가 하는 말"이라는 정도의 의미로 모어Muttersprache라는 단어를 가볍게 사용한다. 프랑스인은 langue maternelle라는 단어를 독일어에서의 모어Muttersprache만큼 빈번하게 사용하지는 않는다.

레오 바이스게르버의 논문은 같은 독일 출신 로망스어 학자, 레오 스피처Leo Spitzer를 매우 자극했다. 수많은 예와 논거를 들고 있는 「어머니의 말과 어머니의 교육」이라는 제목의 묵직한 논문(1944년)에서, 스피처는 "어머니의 말"을 기록한 최초의 용례가 라틴어라는 사실을 솔직히 인정해야 한다고 주장했다. 또한 특히 이 문제가 처음으로 단테에 의해 체계적으로 다뤄졌던 것이 로망스어 세계라는 사실을 직시해야 한다고도 지적했다. 이 논문은 단순히 어떤 표기의 기원이 된 장소를 명확히 하고자 했을 뿐인데도 불구하고 격한 논조를 보이고 있다. 레오 바이스게르버는 이후 「유럽 사상에서의 모어의 발견」(1948년), 「다시 언어에 대해서」(1973년) 등에서 여전히 애당초의 견해를 견지하고 있다.

만약 "모어 게르만어 설"이 레오 스피처의 강한 반발을 불러일으켰다면, 그것이 발표된 1938년이라는 시대 배경을 음미해봐야 할 것이다. 이 해에 히틀러는 "독일어를 모어로 하는" 오스트리아를 병합하고 뮌헨협정에 의해 역시 "독일어를 모어로 하는" 주데텐란트Sudetenland 지방을 체코슬로바키아로부터 빼앗았다.

레오 바이스게르버는 이후 수많은 저작물의 제목에 "모어"를 내걸고 있는데, 레오 스피처 이외에도 그것에 대해 불편해했던 연구자가 적지 않았다. 피터 폰 폴렌츠Peter Von Polenz는 "모어"라는 단어가 나치즘이 고양되던 시기에 빈번하게 사용되면서 특유의 감정적 가치를 띠게 되었으며 이로 인해 유대인 배격의 슬로건 안에도 등장했기 때문에 "구역질이 날 정도로" 역겨움을 동반한다고 술회한 바 있다.

이렇게 받아들일 수밖에 없다는 사실에 부응할 생각이 었는지, 레오 바이스게르버는 앞서 언급한 1973년의 논문 속에서 "모어"에 끈질기게 따라다니는 어감을 피하기 위해 "자신의 말Eigensprache"로 바꿔 말해도 무방하지만, 가장 적절한 표현을 위해서는 결국 "모어"로 돌아올 거라고 적고 있다.

단순히 어감에 의해서만이 아니라, "모어"의 내용 자체가 현존하는 국가의 경계선조차 무시해버릴, 위험하고도 정치적인 박력을 분명 내포하고 있다. 모어와 그것을 공유하는 언어공동체와의 관계만이 인간의 집단 형성에 있어서 근원적이며 자연스럽다고 주장하고 있기 때문이다. 그것은 국가주의에 대해 파괴적인 힘을 발휘하는, 국가를 초월한 곳에 존재하는 민족주의적 사상이다.

"모어"라는 표현에 처음으로 도달한 것이 정말로 게르만어였을까. 아니면 로망스어였을까. 그 어느 쪽이든 극동에 위치한 일본인에게는 아무래도 상관없는 일이다. 조잡한 지도 위에서 내려다보면, 그것은 다수의 언어들이나 방언이 인접하여 서로 겨루고 있는 유럽 어딘가에서 나온 민중의 말이라는 사실만 알면 되기 때문이다. 그 민중의 말은 결코 가정의 일상 안에서는 화제에 오를 일 없는, 가히 공권력이라고 할 수 있는 "아버지의 말"을 깨부수고 결국 그 모습을 드러냈다. 레오 스피처의 논문은 "어머니의 말"="통속"=자연=고향의 말=어머니의 젖이라는 연쇄 안에서 다시금 그 의미를 생각해봄으로써 "모어"의 내용을 한층 선명히 해주었다.

모어와 모국어

"모어"라는 말에 특히 집착하는 데는 까닭이 있다. 일본어에서는 언제쯤부터인지 "모국어"라는 말이 생겼는데, 전문 언어학자까지 아무 생각 없이 이 단어를 반복적으로 사용하고 있기 때문이다.

모국어란 모국의 말, 즉 '국어'에 어머니의 이미지를 덮어씌운 선정적이고 미심쩍은 조어造語다. 모어는 그 어떤 정치적 환경으로부터도 자유로운, 오로지 말의 전달자로서의 어머니와 그것을 받아들이는 아이와의 관계에서 포착된 말이다. 정치 이전의 관계인 것이며, 바로 이 점에 '모어'라는 단어의 존재 의의가 있었다. 모어 입장에서 그것이 어느 국가에 속하는지는 상관이 없다. 하지만 모국어, 즉 모국의 말은 국가와 연관되어 있다. 때문에 이것을 구별하지 않고 아무 때나 "모국어"를 사용하면 다음과 같은 기묘한 경우가 발생한다.

"단일민족국가"라고 철석같이 믿어지고 있는 일본에서, 그 예외를 이루는 아이누인이나 오로코인Orokko(사할린에 사는 소수민족인 윌타[Uilta]를 경시해 부르던 옛 명칭-역주)이 존재하고 있다는 사실을 새삼 일깨워준, 다음과 같은 신문 기사가 게재된 적이 있었다.

(오키나와[沖縄]에서 행해진 교육연구전국집회에서 있었던 일) "평화와 민족" 분과회에서는 민족의상으로 중무장한 홋카이도 소수민족 윌타(오로코)의 기타가와 겐타로北川源太郎, 즉 다힌니에니 겐다누Dahinien Gendanu 씨의 모국어에 의한 호소가 조용한 파문을 일으켰다. 그것은 오랜 세월에 걸쳐 민족적 차별을 받으며 수난의 세월을 보내왔던 윌타 사람들이, 스스로의 손으로 민족의 긍지와 문화를 지키려고 한 자립의 선언이자, 동시에 일본을 단일민족국가라고 여겨왔던 일본인의 의식에 대한 변혁을 요구하는 것이기도 했다. (아사히신문[朝日新聞], 1978년 2월 4일)

나는 여기에 보도된 다누 씨의 행동은 물론, 그것을 지지하며 이를 널리 세상에 알리기 위해 활자화한 이 글의 작성자에게도 깊이 공감한다. 애당초 이런 기사는 언어적 소수자가 놓인 상황에 대한 깊은 이해 없이는 세상에 내놓을 수 없는 성질의 것이다. 그런 만큼 더더욱 "겐다누 씨의 모국어"라는 표현에는 당혹스러운 나머지 현기증을 느꼈을 정도다.

겐다누 씨는 기타가와 겐타로라는 일본명을 가지고 있었기 때문에 아마도 일본 국적의 사람일 것이다. 만약 그렇다면 겐다누 씨의 '모국'은 일본이며, '모국의 말'은 일본어일 것이다. 때문에 오로코어에 대해 모국어라고 말해버리면 곤란한 것이다. 겐다누 씨의 말은 오히려 "모국어"와 날카롭게 대립하고 있던 비모국어, 비국어였다. 때문에 여기서 그런 호소를 보도하는 의의가 있었던 게 아니었을까. 겐다누 씨가 사용한 말은 '국가'와 대극에 있었으며 그 국가에 의해 멸망되었고 계속 멸망되어왔던, 본인이 세상에 태어나자마자 만났던 고유의 말이다. 이런 말을 '모국어'라고 부르는 모순이 발생한 것이다. 심지어 이토록 겐다누 씨에게 공감을 보인 기자조차 미처 인지하지 못했고, 그 기사를 읽었을 편집책임자도 알아차리지 못했으며, 나아가 수백만의 독자들로부터도 이렇다 할 의문이 제기되지 않았다. 이런 사실을 통해, 말과 그 말을 하는 사람과의 관계에 관한 일본인의 평균적 이해 정도를 자연스럽게 깨닫게 된다. 즉 일본인들은 말이라고 하면 모조리 '국어'라고 생각한다는 이야기다. 일본인의 사고방식에 깊이 뿌리를 내리고 있는 이런 맹점이야말로, 이 기사가 비판한 "일본을 단일민족국가로 여겨왔던 일본인의 의식"을 고스란히 보여주고 있다.

겐다누 씨는 일본인의 국가, 즉 그 모국이 사용을 용인해주지 않는 어떤 말을 가지고 있다. 학교, 관청, 재판소 그 어디에도 그 말을 위한 장소는 존재하지 않는다. 때문에 그 말은 그 어떤 경우에도 모국어라고 할 수 없다. 까마득한 옛날에는 어쩌면 있었을지도 모를, 이제는 더 이상 존재하지 않는 가상의 모국을 상상해보는 것 이외에 달리 방법이 없다.

그렇다면 이런 말은 과연 무엇이라고 불러야 할까. 일본인 입장에서 본다면, 겐다누 씨의 말은 결코 일본어의 방언이 아닐 것이며 외국어는 더더욱 아닐 것이다. "민족어"라고 부르는 대안도 있을 수 있겠으나, 그 사람이 소속되어 있는 그룹이 민족이라고 부르기에 적당한 규모일까. 이 점도 문제다. 이런 경우 비로소 소쉬르가 사용한 이디엄(=고유어)이라는 말이 그 진가를 발휘한다. 아울러 개인과 말과의 관계를 보여주기 위해서는 아무래도 모어가 가장 적절할 것이다. 모어는 국가라는 비언어적인 정치권력으로부터도, 문화라는 민족의 프레스티지prestige로부터도 자유롭다. 그리고 무엇보다 국가, 민족, 언어라는 세 가지 항목이 결부되는 것을 단호히 거부하고, 언어를 순수하게 개인과의 관계에서 파악하는 시점을 제공해준다.

모어를 일본어로 번역하기

그렇다면 "모어"에 해당하는 유럽의 여러 언어들의 표현은 일본에서 어떻게 번역되었을까. 우선 번역의 초기 단계인 '사전'에서 '모어'를 어떤 일본어로 표현하고 있는지, 몇 가지 사전의 예를 통해 조사해보고자 한다(사전들 중에는 비교 언어학에서 말하는 조어[祖語]에 해당되는 의미로 "모어"를 기재하고 있는 경우도 있었지만, 그 경우는 일단 생략했다).

〈영어〉mother tongue

현대영일사전現代英和辞典(겐큐샤[研究社]) '73 모국어

소학관랜덤하우스영일대사전小学館ランダムハウス英和大辞典 '74 모국어

이와나미영일대사전岩波英和大辞典 '70 모국어

겐큐샤신영일대사전 5판研究社新英和大辞典第五版 '80 모어《어릴 때 어머니로부터 자연스럽게 습득하는 언어》자국어, 모국어

〈독일어〉Muttersprache

최신콘사이스독일사전最新コンサイス独和辞典(산세이도[三省堂]) '61 어머니로부터 배운 말, 모국어

기무라 · 사가라독일사전木村 · 相良独和辞典(하쿠유샤[博友社]) ('61판) 어머니로부터 익힌 말, 모국어

기무라 · 사가라독일사전木村 · 相良独和辞典(하쿠유샤[博友社]) ('63판) 모국어

독일겐린独和言林(하쿠스이샤[白水社]) ’61 어머니로부터 배
운 언어, [자]국어

이와나미독일사전岩波独和辞典 ’53 어머니로부터 배운
언어, (자)국어

현대독일사전現代独和辞典(산슈샤[三修社]) ’75 모국어

〈프랑스어〉langue maternelle

스탠다드불일사전スタンダード仏和辞典(다이슈칸[大修館]) ’57
모어, 자국어

크라운불일사전クラウン仏和辞典(산세이도[三省堂]) ’78 모국
어

불일대사전仏和大辞典(하쿠스이샤[白水社]) ’81 모국어

　여기서 예로 든 사전들은 편자들이 제각각의 포부를 명
확히 하고 진지한 자세로 작업에 임한 것들로 판단되는 것
들이다. 아울러 당연한 이야기지만 다량의 단어들을 취급
하는 사전인 만큼 “모어”라는 한 단어에만 매달릴 수는 없
었을 것이기 때문에, 여기에 나타난 결과만으로 해당 사전
의 질적 수준을 평가해버릴 수는 없다. 여기서는 그저 우리
들이 평소 경의를 표하며 사용하고 있는 사전 편집자들이
어떤 언어의식을 가지고 있는지를 살펴보고자 했을 뿐이

다. 사전 편집자들은 말에 대한 문제에 있어서 평균 이상의 감각을 갖춘 사람들로 간주할 수 있기 때문에, 적어도 그 사람들의 언어의식을 판단하는 수단이 될 수 있을 것이다. 이런 사전들의 편자들 중 일부는 개인적으로도 알고 지내는 사이이기 때문에, 얼마나 세심하게 신경을 쓰고 계신지도 잘 알고 있으며 이에 대해 종종 감탄하는 경우도 있다.

일반적인 경향을 살펴보면, 최신의 예를 빼고는 영일사전이 가장 무신경했고 불일사전이 그 다음이며, 역시 독일사전 쪽이 전반적으로 가장 세심한 배려가 보인다. 독일사전의 경우 번역어 자체보다 세심한 설명이 덧붙여 있다고 표현해야 할지도 모르겠다. 이것 역시 독일어 연구자들이 여기서 다룬 문제를 보다 빈번히 접하다 보니 그것에 대해 생각할 기회도 많았다는 말이 될 것이다. 물론 독일에서 만들어진 사전을 모델로 삼았을 것이므로 그 영향도 무시할 수 없을 것이다.

이스라엘 국민의 모어

모어와 (모)국어와의 다양한 관계를 고스란히 보여주는 최고의 실험장 같은 나라가 바로 이스라엘이다. 이스라엘의 건국은 세계 각지에 흩어져 있던 이른바 디아스포라(이산(離散))의 인민, 유대인들의 영원한 꿈이었다. 결국 유대인들의 독립 국가를 세우고 싶다는 염원이 실현된 것이다. 이스라엘은 제2차 세계대전 이후인 1948년, 영국 정부의 적극적인 개입으로 팔레스타인 땅에 만들어졌다. 그러나 그 결과 원주민인 팔레스타인인의 거주지와 삶이 위협받게 되어, 결국 이른바 팔레스타인 게릴라 활동을 유발시켰다는 사실은 널리 알려져 있다.

이스라엘이 건국된 이후, 다수의 유대인이 '고향'을 버리고 새로 건설된 '모국'으로 돌아왔다. 하지만 이 모국이라는 호칭이 얼마나 기묘하게 느껴졌고 도무지 실감이 나지 않았을지, 미루어 짐작할 수 있다. 물론 그곳은 아주 머나먼 옛날, 그들의 조상들이 살았던 땅이므로 어쩌면 조국이라고 부를 수 있었을지도 모른다. 하지만 그것은 직접적인 경험에 의거하지 않는, 이른바 전설상의 조국이라고 할 수 있을지는 모르지만, 적어도 모국은 아니다. 그곳은 자신의 어머니조차 알지 못하는 나라였기 때문이다. 어머니에게마저 낯선 모국에 돌아왔을 때, 도대체 유대인은 어떤 언어로 이야기를 나눴을까. 호프만과 피시먼Fishman에 의한 「이스라엘에서의 언어의 전환과 유지」(1971년)라는 연구는 이 문제에 대해 언급하며 흥미로운 사실을 밝혀주고 있다.

1950년, 즉 건국 후 얼마 되지 않아 유대인들이 속속 '조국'을 향해 이주해오던 무렵의 통계 수치에 의하면, 국민 전체 가운데, 현대 헤브라이어를 모어로 하지 않는 52만 4000명 가운데, 무려 33.3%가 독일어와 비슷한 언어인 '이디시어'(제8장 참조)를 사용하고 있었다. 그 다음으로 수치가 높은 순서대로 살펴보면 아라비아어, 불가리아어, 스페인어(스페인어와 비슷한 유대인 언어인 '주데즈모[dzhudezmo]'도 포함), 독일어, 루마니아어, 폴란드어, 헝가리어, 프랑스어, 터키어, 러시아어, 세르비아-크로아티아어, 혹은 슬로베니아어, 체코어 혹은 슬로바키아어, 영어, 페르시아어 등이었다.

세계 각지의 다양한 언어를 구사하던 유대인들이 이스라엘 국민이 된 것이다. 그러나 그 조국은 이스라엘이었지만, 언어적 모국은 폴란드, 불가리아, 기타 등등의 상황이었다. 개중에는 새로 참여한 조국의 국어인 헤브라이어보다, '이국의 모어'를 그리워하며 그것을 버리지 않는 자가 있었다. 이런 사실을 앞선 보고서는 우리에게 전해주고 있는 것이다. 특히 주의를 끌었던 것은 이디시어와 독일어를 모어로 하는 사람들이 보여주었던, 모어에 대한 집착이었다. 아울러 발칸 반도 출신 유대인은 그들의 출신지의 언어와 헤브라이어 모두를 놔두고, 자진해서 독일어로 갈아타는 사람이 많았다고 한다. 그토록 소름끼치는 박해를 받았던 독일과 동유럽을 경험했으면서도, 독일어에 대한 이토록 각별한 집착은 주목할 만한 현상이라고, 논문의 저자들은 지적하고 있다.

요컨대 모름지기 말에는 그 말을 쓰면서 자랐던 '이국의 고향'에 대한 심정이 담겨 있다. 영어에는 이런 경우를 위해 준비된 '네이티브 컨추리native country'라는 기막힌 표현이 있다. 한자에서는 태어나고 자란 땅을 고향故鄕이라고 쓰기 때문에 우리들도 고향으로서의 국가, 즉 고국이라는 표현을 쓰는데, 대다수의 유대인들에게 조국과 고국은 별개인 것이다.

사람과 말의 연계

우리들이 머나먼 이스라엘 땅에서 일어난 일들에 대해 고찰하고 있는 이유는, 이런 것들이 우리 자신의 문제를 생각하는 데 도움이 되기 때문이다. 이처럼 생각한다면 조국과 고국이 일치하지 않는 일본 태생 재일조선인의 문제도 자연스럽게 마음속에 떠오른다. 오늘날에는 일본에서 태어나 일본에서 성장한 재일조선인 2세, 3세가 재일조선인 총 64만 명 가운데 76% 이상을 차지할 정도다. 이 숫자는 급상승 중이므로 조만간 100%에 도달할 것이다. 이런 사람들에게 조선어는 모어가 아니라 그야말로 모국어에 해당된다고 할 수 있을 것이다. 이 모국어가 모어가 되려면 그 어머니와 가정에서 '아이의 탄생과 함께 끊임없이' 조선어로 말을 걸어주고 함께 이야기를 해줘야 한다.

성인이 된 이후에 모국어를 모어로 만드는 것은 거의 불가능에 가깝다. 모어의 특징은 문법도 사전도 사용하지 않고, 혹은 교실 등의 인위적이고 외적인 장치도 없이 '자연스럽게 몸에 익혔다는' 점에 존재하기 때문이다. 그럼에도 불구하고 모어적인 것에 조금이나마 다가가려고 의식적으로 노력하는 모습은, 설령 몸은 이국에 있더라도 조국으로 돌아갈 그날을 마음속으로 그리며 헤브라이어 학습에 열의를 보이는 유대인(만약 정말로 그런 유대인이 있었다고 치고)의 모습과 비슷하다. 어쨌든 이스라엘이라는 국가는, 자신들이 버리고 온 '이국인 고국'의 모어에 집착하는, 언어적 충성심이 결핍된 괘씸한 국민을 조금이라도 줄이기 위해, 헤브라이어가 불가능한 자는 법령에 의해 공직에서 배제하고 있기 때문이다.

하지만 대다수의 일본인에게 고국과 조국이 일치하는 것처럼, 모어와 국어도 일치한다. 이럴 경우 두 가지를 조합한 모국어라는 표현에 모순은 발생되지 않는다. 하지만 이는 우연에 불과하며, 어떤 상황에서도 통용될 수 있을 정도로 일반적이지는 않다. 구별되어야 할 중요한 개념을 혼동

한 일반적이지 않은 표현은 과학 용어로 매우 부적절하다. 그럼에도 불구하고 모국어는 전혀 안심하고 사용할 수 없는 다음과 같은 문맥에서도 무비판적으로 사용되는 경우가 있다. 예를 들어 초등학교 국어 교과서에 자주 등장하는 『마지막 수업』이라는 단편에 대해 "······도데의 단편은 모국어를 빼앗길 지경에 이른 사람들의 슬픔과, 죽어도 그것을 빼앗기지 않겠노라고 결의하며 자신들의 언어에 애착을 느끼는 사람들을 더할 나위 없이 잘 묘사하고 있다"(스즈키 다카오[鈴木孝夫] 「닫힌 언어·일본어의 세계[閉された言語·日本語の世界]」, 방점 다나카)라고 언급한 예가 그것이다.

도데의 이 단편은 일본에서 "국어애"를 설명하기 위한 가장 대표적 교재로 오랜 기간에 걸쳐 이용되었다. 그러나 그 역사적 배경을 생각해보면 이토록 문제가 많은 작품도 없을 것이다. 이 단편의 무대가 된 알자스 지방의 원래 언어는, 독일어 혹은 이에 가까운 말이었다. 독일과 프랑스 사이를 오갔던 복잡한 사정에 대해서는 제5장에서 구체적으로 살펴보기로 하겠다. 어쨌든 오랜 세월의 언어 탄압에도 불구하고 지금도 여전히 주민들의 70%가 독일어(혹은 알자스어)를 모어로 하고 있다. 그런데 이곳 주민들이 "모국어"로서의 프랑스어를 "죽어도 빼앗기지 않겠노라고 결의한다"는 것은 아무리 생각해도 앞뒤가 맞지 않는 이야기다. 사실

그런 결의가 가능한 것은 "프랑스 만세!"라고 칠판에 쓴 아멜 선생님뿐이었을 것이다. 하지만 주의해야 할 점은 아멜 선생님은 "모국어"라는 단어를 결코 사용하지 않았다는 사실이다. 그저 "자신의 말"이라고 말했을 뿐이며 번역된 일본어에도 그렇게 되어 있다. 이것을 "모국어"라고 표현한 것은 일본의 일반 독자를 대상으로 감정적으로 부추길 의도가 있었기 때문일 것이다.

이상과 같은 내용을 참고하면서 한 가지 사실을 확실히 해두고 싶다. 어떤 말에 대한 애착이 프랑스, 일본, 조선 등 특정 국가에 대한 사랑을 반드시 동반할 필요는 없다는 점이다. 겐다누 씨의 이야기가 아름답고 감동적인 이유는, 그 모어에게 설령 모국은 없더라도, 모어 그 자체와 그것을 말하는 사람들을 향한 애정을 발견할 수 있기 때문이다. 그자체로 충분히 설득력 있으며 강하지만 고독한 사랑이다.

마찬가지로 이스라엘로 돌아온 유대인이 자신들의 모어에 대해 보여준 애착도 실로 감동적이다. 이스라엘이라는 국가의 국민이라는 사실과 무관하게, 각자의 고향에서 익혔던 모어를 향한 차마 끊을 수 없는 애착은 사람과 말의 근원적인 관계를 고스란히 보여주고 있기 때문이다.

이시카와 다쿠보쿠石川啄木(메이지시대의 가인이자 시인-역주)가 "고향 마을의 사투리 그리워라 정거장에서 사람들 모인 곳

에 그걸 들으러 가네ふるさとの訛なつかし停車場の人ごみの中に
そを聴きにゆく"라고 읊었던 와카和歌(일본의 전통적인 정형시-역
주)가 떠오른다. 그토록 그리운 말은 국가의 말이 아니었다.
국가의 표준에서 제외되어 있었지만, 그 때문에 더더욱 그
사투리는 애틋했고 그리움 또한 한층 깊었을 것이다. 방언
을 쓰는 사람들이라면 굳이 설명하지 않아도 단박에 이해
가 될 것이다.

문법의 오류 따위는 문법이 발명되기 이전
에는 전혀 존재하지 않았다.

———F·마우트너

제3장
속어가 문법을 소유하다

거룩한 기술

　문자를 사용해 글로 적은 말은 그것을 사용하기 위한 특별한 훈련이 반드시 필요하다. 배우지 않아도 자연스럽게 구사할 수 있는 말과는 완전히 별개다. 그러나 자신이 평소 사용하는 말에는 문자가 없다——그런 시대가 극히 최근까지 이어지고 있었다. "문어", "구어"라고 해서, 이 두 가지에는 동일하게 "말"이라는 공통 항목이 존재하지만, 그것은 실은 근대 이후 새롭게 발견된 것이라고 표현할 수밖에 없다.

　때문에 중세 유럽에서 글로 적힌 유일한 말인 라틴어는 그리스의 전통에 따라 "문자 기술"이라고 일컬어졌던 것이다. "문자 기술", 즉 우리들이 "문법"이라고 번역하고 있는 것은 그 근본에 있어서 자연스러운 것이 아니라 인위적으로 창조된 것이다. '문법=문어'는 우리들의 일상 언어 외부에 있었으며, 그것을 훨씬 초월한 또 다른 세계를 만들어내고 있었다.

　'창조된 것'으로서의 '문자 기술 언어'는 그 누구에게도 모어가 아니었다. 때문에 일상과 괴리된 특별한 공부를 반드시 필요로 했다. 당연히 막대한 시간을 확보할 수 있는 최상류 사람들에게만 가능한 일이었다. 최상층에 존재했던 사람들의 지배적 지위를 공고히 하고 영원히 평안한 상태를 확보하기 위해서는 이 '문자 기술'이 최대한 복잡하면 복잡할수록 더 유리했다. 문자 자체의 습득에 시간이 걸리면 걸릴수록 더더욱 바람직했을 정도다.

따라서 '문자 기술'='모어에 의하지 않는 문어 기술'은 지식과 정보의 계급적 독점이 필요한 곳에서는 항상 굳건히 지켜졌다. '문자 기술'이 특정 종교의례와 결부되었을 경우에는 독점적 폐쇄성에 종교적 신비성까지 더해졌다. 거룩하기 그지없는 문자는 일상적으로 아무나 사용해서는 안 될 성스러운 대상이었다. 이런 감각은 액막이용으로 신사에서 발급해준 호부護符(부적)로 코를 풀거나 신성시되는 인물의 사진이 실린 신문지로 오물을 닦는 것을 범죄로 간주했던 태평양 전쟁 당시의 감각을 떠올리게 한다.

한자나 히라가나 철자법 등의 개혁이 일본에서 번번이 격렬한 저항에 부딪히는 까닭도 관용성이나 유용성을 등한시한 채 '문자 기술'이 지닌 의례적 성격에 순응해버리는 감각이 여전히 뿌리 깊게 남아 있기 때문이다.

이런 감각을 머릿속으로 떠올려볼 수 없다면, 단테가 속어로 글을 써보고자 구상했던 그의 기획이 얼마나 터무니없을 정도로 거대했는지, 도저히 이해할 수 없게 될 것이다. 말의 현상은 항상 "콜럼버스의 달걀(발상의 전환)"이다. 이미 일상화된 것들 중에서 그 본연의 모습을 떠올리기 위해서는 일종의 시적 모험 정신이 필요해진다.

한편 단테는 속어를 쓰는 의미에 대해 라틴어로 선언한 후, 속어 작품의 제작에 착수했다. 단테는 "사랑을 위해" 그 것을 행했을지도 모르지만, 비천한 말로 글을 쓴 탓에 후마니스트(인문주의자)들로부터는 엄청난 혹평을 받아야 했다. 니콜리라는 인물은 단테를 "문인 집단에서 제명하여 가죽 허리띠 장인이나 빵 굽는 기술자들이 있는 곳으로 추방해 버리는 편이 낫겠다"고 탄식했다고 한다. 단테는 문인 신분임에도 불구하고 '문자 기술'의 신성함을 모독한 사람이었던 것이다.

그러나 속어는 시나 문학만으로는 의례적 권위를 결코 무너뜨릴 수 없었다. 단테가 말하는 것처럼 속어는 "모든 사람에 의해 사용되고" 있었지만 '문자 기술'은 일부의 사람들만 "이차적으로", 요컨대 추가적으로 배우던 기술이었다. 때문에 원리를 따지자면 속어는 '문자 기술'을 애초부터 압도하고 있었겠지만, '문자 기술'은 몇 겹이나 되는 두꺼운 방어벽으로 에워싸여져 있었다. 그 방어벽 중 가장 거대한 것이 바로 "문법"이었다.

문법이야말로 '문자 기술'의 기저를 이루는 인류 역사상 최대의 발명품 중 하나다. 모어를 말하는 사람은 '문자 기술'에 바탕을 둔 문어에 익숙해지기 위해 이 문법을 통해 '문자 기술'에 관여하는 한, 마지막까지 문법으로부터 벗어날 수가 없었다. 어째서일까, ——바로 '모어가 아니기' 때문이다. 이 사실을 가슴에 잘 새겨두어야 할 것이다.

네브리하의 "문법"

단테는 속어를 예찬하며 문학에 그것을 이용할 권리, 이른바 속어를 위한 인권 선언을 실시했다. "문술文術(문자 기술)"이라는 굳건한 성채의 한 귀퉁이를 허물어뜨린 것이다. 하지만 그보다도 더더욱 거대한 착상, 즉 '속어에 문법을 할당'한다는 발상이, 인류 최초로 이베리아 반도에서 실행에 옮겨졌다. 단테로부터 200년 이후의 일로, 콜럼버스가 미대륙을 발견했던 것과 같은 해인 1492년의 일이었다. 이를 달성한 사람은 안토니오 데 네브리하Antonio de Nebrija라는 인물이었다.

8세기 중엽의 이베리아 반도는 북아프리카에서 지중해를 건너 상륙한 이슬람교도들이 세운, 후우마이야 왕조의 세력 하에 놓여 있었다. 하지만 11세기에 들어오면서 북쪽으로 쫓겨나 있었던 기독교 세력이 본격적인 실지회복에 나서기 시작했다. 그와 동시에 분립해 있던 여러 왕국들의 통합도 진행되었다.

12세기가 되자 아라곤은 나바라와 카탈로니아를 병합했

고, 14세기에는 멀리 사르데냐, 시칠리아 등 지중해 섬들까지 그 세력 하로 들어왔다.

한편 카스티야의 실지 회복도 순조롭게 진행됨에 따라 그 판도가 넓어져, 그라나다의 한쪽 귀퉁이만 이슬람교도의 손에 남겨진 상태가 되었다. 이윽고 카스티야의 여왕 이사벨라와 아라곤의 왕자 페르난도 2세가 결혼함에 따라 양쪽 왕국이 합병되어 이베리아 반도에 일대 강국이 출현하게 되었다.

1492년이 시작될 무렵에는 이슬람의 마지막 아성인 그라나다마저 스페인 수중으로 넘어왔다. 콜럼버스의 대항해 도전은 실로 이런 역사적 전개를 배경으로 실현되게 된다. 그라나다 탈취가 1492년 1월, 콜럼버스가 미대륙을 발견한 것이 10월, 이 양대 사건 사이에 끼어 있던 8월에 발생한 일이었다. 이사벨라 여왕에게 한 권의 책이 헌정되었다. 그것은 『카스티야어 문법Gramática de la lengua castellana』이라는 제목의 책이었다.

카스티야어는 당시 이베리아 반도에서 가장 유력한 속어였다. 오늘날의 스페인어 문어체는 바로 이 카스티야어를 핵심으로 형성된 것이었다. 그 초석을 이루었던 것이 바로 이 네브리하의 문법서였던 것이다. 속어를 문어로 바꾼다는 비슷한 사업을 시도하고 그에 임했던 두 사람, 단테와 네브리하 사이에는 200년의 세월이 흐르고 있었다. 그 사이의 역사적 추이는 속어를 대하는 두 사람의 태도를 결정적으로 다르게 만들었다. 즉 단테가 속어로 쓴 까닭은 라틴어를 알지 못하는 여자들 때문이었지만, 네브리하가 속어 문법을 썼던 연유는 다름아닌 국가를 위해서였다.

네브리하는 우선 이 문법서의 서문 도입부에서 국가의 흥망성쇠와 언어의 그것이 얼마나 긴밀한 관계에 있는지를 언급하며, "언어는 언제나 제국의 반려compañera del imperio"라고 표현했다. 이 "반려"는 "동반자", "맹우" 등 다양하게 번역할 수 있지만, 중요한 점은 제국imperio이 남성의 명사임에 반해 반려compañera는 여성형으로 써두었다는 사실이다. 그것은 '반려'인 언어가 여성명사이기 때문이다. 요컨대 네브리하는 국가와 언어와의 밀접한 관계를 두 남녀의 운명적 결혼에 비유했던 것이다.

그렇다면 도대체 그는 무슨 목적으로 이 속어 문법을 썼던 것일까.

여왕님께서 다양한 언어를 구사하는 다수의 야만 종족들이나 여러 민족을 지배하에 놓으셨습니다. 이런 정복을 통해 그들이, 정복자가 피정복자에게 부과하는 법률을, 그리고 그와 함께 우리의 말을 수용할 필요가 생겼을 때,

그들은 마치 우리들이 오늘날 라틴어를 배우기 위해 라틴 문법의 기술을 배우는 것과 마찬가지로, 바로 이 책의 술術(Arte)=문법에 의해 우리의 말을 이해하게 되겠지요. 아울러 카스티야어lenguaje castellano를 알 필요가 있는 우리 신앙의 적뿐만 아니라 바스크인, 나바라인, 프랑스인, 이탈리아인 등등, 스페인에서 어떤 교섭이나 이야기를 해야 한다거나 우리의 말을 필요로 하는 모든 사람들이 이 책의 도움을 받을 것입니다. 어릴 적부터 습관적으로 배운 사람만큼은 아니더라도, 나의 이 책을 통해 카스티야어에 대해 이해할 수 있게 되겠지요.

이 시기, 혹은 그 이후에 속어 문법의 존재 의미를 이처럼 명쾌하게 설명한 예는 찾아볼 수 없을 것이다. "마치 우리들이 오늘날, 라틴어를 배우기 위해 라틴 문법의 기술을 배우는 것과 마찬가지로"라고 언급되고 있는 것처럼, 바로 이 카스티야어 문법은 카스티야어를 모어로 하지 않는 사람들을 위해 나온 책이다. 그들은 "여왕님의 지배하에 들어왔으므로" 그 법률을 써놓은 말을 이해해야 할 필요가 있을 것이며, 카스티야 주변 유럽 여러 민족들도 이 책을 사용할 것을 예상하고 있다. 그리고 실제로 콜럼버스에 의해 '발견된' 미대륙의 여러 종족들과 이베리아 반도의 여러 지역들이 결국 이 문법의 지배를 받게 되었다.

문법의 이데올로기

카스티야에서 속어 문법이 처음으로 시도된 것은 자신들의 국가에서 라틴어를 추방하고 그라마티카grammatica 자리에 새로운 그것을 배치해 국내외 여러 지배 종족들에게 사용하게 할 필요를 느꼈기 때문일 것이다. 결국 국가의 탄생이 주도했던 하나의 역사적 필연이었다고 볼 수 있다. 카스티야어에 문법이 부여되었을 때 grammatica라는 전통적인 철자법도, 속어처럼 m 하나가 빠진 형태인 gramática가 되었다. 이리하여 카스티야를 시작으로, 기술의 그늘에 감춰져 있던 "문법"이라는 것의 본성, 바로 그 이데올로기가 이후 모든 국가를 덮쳐버렸다.

카스티야보다 반세기 늦게(1536년) 바로 옆의 포르투갈에서 데 올리베이라de Oliveira에 의한 포르투갈어 문법이 출현한다. 최초의 영문법이 나타난 것은 이보다 무려 반세기 이후인 1586년의 일이었다. 단순히 속어에 의해 작품을 쓴 것에 그치지 않고, 속어를 위한 문법을 편찬한다는 비범한 착상이다.

네브리하에 의해 집필된 카스티야어 문법의 의의는 스페

인 언어사 안에 나오거나, 로망스어 학자가 연표 안에 그것을 써 넣는 경우가 있긴 하지만, 그 심오한 역사적 의미는 자칫 간과되기 십상이다. 제2차 세계대전 이후인 1947년, 우연히 두 개의 전문지에서 각각 「네브리하와 카스티야어 문법」이라는 제목의 연구가 발표되었다. 다음해인 1948년에는 레오 바이스게르버가 「유럽 사상에서의 모어의 발견」에서 "문법"이라는 제작물에 드러난 국가와 언어의 밀접한 관계를 지적했다. 1964년의 「언어학의 기초로서의 언어의 인류 법칙」에서 레오 바이스게르버는 카스티야에서의 "모어의 발견"은 "미대륙의 발견"과 동일한 기반에서 발생된 사건임을 지적했다.

국가와 언어의 밀접한 관계를 사람들의 마음에 인상 깊게 새기기 위해, 근대 국가의 출발점에서 각각의 국가 언어는 각각의 언어를 부르기 위한 다양한 표현을 내놓았다. 일본어에서도 메이지시대 초기, 5년간의 유럽 유학을 마치고 귀국한 우에다 가즈토시上田万年가 우선 행한 강연은 「국어와 국가国語と国家と」라는 제목이었다. 그때 우에다가 사용한 "국어"라는 말은 당시로서는 아직 생경한, 이제 막 만들어진 그야말로 신조어였던 것이다(제5장 참조).

우에다는 여기서 아마도 일본인으로는 처음으로 국어를 "어머니"에 비유하며, 한편으로는 "이 어머니는 어떤 경우에도 화를 내지 않기 때문에 자기를 돌보지 않아도 괜찮다고 말한다. 그리고는 오히려 다른 사람의 품으로 가서 효도하고 있는" "한학자"를, 다른 한편으로는 "이 어머니를 야만스럽고 무식하며 긴장감 없이 축 늘어져 있다며, 차라리 다른 어머니를 찾아보라고 주장"하는 "서양언어 숭배자", "특히 자칭 영문학자라는 사람"을 공격의 대상으로 삼아 다음과 같이 한탄했다.

아아, 세간의 모든 사람들은 귀족들이 황실을 수호하는 울타리임을 안다. 하지만 일본어가 '황실의 충신', '국민의 자모慈母'인 점에 대해서는 아는 자가 오히려 드물다.

1894년의 일이다. 아무런 맥락 없이 순식간에 '말'이 황실이나 국민에 대한 충신, 자모로 비유된 것이다. 이런 갑작스러운 논리를 당시 일본의 지식 계급은 어떻게 받아들였을까. 적어도 그 이전에는 물론 그 후에도, '말'을 가신이나 어머니에 비유한 전통은 일본에 정착해 있지 않았다. 하지만 "황실의 충신"은 분명 네브리하가 비유한 일본식 번안이며 "국민의 자모"의 배후에는 Muttersprache(어머니의 말)이라는 모델이 있었을 것이다.

우에다는 메이지시대 초기에 유럽에서 배워야 할 점이 무엇이었는지를 확실히 자각하고 있었다. 하지만 '말'을 어머니에 비유하는 사상을 일본에 뿌리를 내리게 할 수 없었고 내리게 할 필요도 없었다. 때문에 유럽이라는 역사적 토양에서 태어난 "어머니의 말"은 일본이라는 역사적 풍토에 이식되었을 때, 어머니와 국가가 뒤섞이거나 혹은 어머니가 국가에 편입되어, "모국어"라는 표현을 만들어냈던 것이다.

문법이란 무엇인가

여기서 우리들은 네브리하의 속어 문법 탄생의 의미를 보다 깊이 이해하기 위해, 다시금 문법이란 무엇인가, 라는 문제로 되돌아가 고민해볼 필요가 있다.

현대 언어학의 훈련을 받지 않아도, 오늘날 대부분의 사람들이 모든 말에는 문법이 존재한다는 사실을 인지하고 있다. 설령 문법이 아직 문서화되지 않은 언어라도 거기에 필시 문법이 내재되어 있을 것이기 때문에 시간을 들여 연구해가다 보면 결국 문법을 발견해내고 문서화도 가능할 것이라고 생각한다.

그러나 혹시 이런 생각을 가진 사람이 아직 있을지도 모르겠다. 즉 일본어에는 제대로 된 문법이 있지만 방언에는 그런 문법이 없을 것이라는 생각이다. 아니, 백보 양보해서 방언에도 문법이 있을지도 모르지만 그 문법은 이미 형태가 무너진 잘못된 문법이라고 생각할 수도 있다.

도쿄의 서민주택가에도 "오늘 A군은 아니 와"라는 표현이 있다. 그런 표현을 들으면 "문법적으로 오류야"라든가 "잘못된 문법"이라고 말하는 경우가 있다. 전자의 표현 중에 보이는 "문법적으로"라고 말할 경우의 문법은 "학교 교과서 등의 문법에 비춰볼 때"라는 의미일 것이다. 그러나 후자의 "잘못된 문법"이라는 것은 이치적으로 있을 수 없는 이야기다. 오히려 "아니 와"라고 쓰는 방언의 문법을 중심에 두고 다시 바라보면, "오지 않아"라는 쪽의 문법은 오류라는 말이 된다. 기실은 모든 문법이 "문법"인 이상, 각각 올바를 것도 없고 잘못될 것도 없다.

언어학은 올바르다거나 잘못되었다거나, 미리 정해진 잣대를 대고 '말'에 임하지 않는다. 마치 생물학이 장수풍뎅이는 올바르지만 지렁이는 잘못되었다고 말하지 않는 것이나 마찬가지다. 라틴어는 올바르지만 스페인어는 형태가 망가져 잘못되었다거나, 서양어에는 문법이 올바르게 갖춰져 있지만 아시아의 미개한 언어는 문법이 엉망이라는 식으로 말하지 않는다. 자신에게 익숙한 기반에서만 타자를 바라보는 편협한 사상에서 벗어나, 가까스로 손에 넣은 성과였다. '말' 자체에 깊이 내재된 고유한 문법을 끄집어내기 위해서는 그렇게 할 수밖에 없기 때문이다. "문법"이라는 것의 진정한 의미가 널리 이해되기 위해서는 좀 더 시간이 걸릴 것이다.

문법의 기원은 무엇보다 "올바른 말"을 전하기 위한 도구였다. 따라서 '잘못된 말'을 구사하는, 즉 해당 언어가 모어가 아닌 사람을 위해서만 존재한다. 자신이 쓰고 있는 말과 똑같은 말에 대한 문법서는 딱히 배울 이유가 없기 때문이다. 도저히 자연스럽게는 쓸 수 없는 말이라든가, 혹은 지식으로 따로 학습해야만 가까스로 이해가 가는 말을 배우기 위해서 문법은 존재한다. 때문에 그라마티카grammatica로 칭해지는 '언어', 즉 다른 모어들과 달리, 갓 태어난 아가 중 그 누구도 접해본 적이 없었던 말, 그것이 바로 문법인 것이다. 그런 오래된 말, 이해하기 어려운 말을 이해하기 위해 문법이 반드시 필요하다는 사실은 조금도 신기하지 않다. 애당초 그것은 '문법을 전제로 한' 말이기 때문이다. 한편 속어는 따로 문법이 존재하지 않기 때문에(따로 문법을 학습할 필요가 없기 때문에) 속어인 것이다.

그러므로 네브리하가 생각해낸 "속어의 문법"이라는 것은 그 이전의 상식에 따르자면 명백한 형용 모순이거나 그저 비유에 지나지 않았다. 하지만 자신과 다른 속어나 방언을 사용하는 사람들에게 그 사명을 다하도록 명령했을 때,

형용 모순은 더 이상 형용 모순이 아닌 것이 되었다.

그러므로 모어의 문법을 배우는 기묘함은 우연한 일이 아니며, 어떤 사항의 본질에서 출발한다. 누구나 '알고 있는' 구어 "국문법"이 얼마나 지루하고 학생들의 흥미를 끌기 어려운지, 종종 들리는 교사들의 하소연이 그것을 증명하고 있다. 그 지루함은 "국문법"이란 것의 본질 때문이다. 그것이 흥미롭다고 여겨지는 순간은 그것의 과거의 모습, 방언적 모습이나 외국어 등, 요컨대 뭔가 이것과 이질적인 별개의 체계와 비교되었을 때라고 할 수 있다.

문법이 자유로운 표현을 방해한다

말을 실제로 표현할 때 문법이 아무런 힘도 빌려주지 않는다는 사실, 아니 오히려 문법을 의식함으로써 자유로운 표현에 방해를 받는다는 사실을, 특히 작가들은 이미 알아차리고 있었다.

다니자키 준이치로谷崎潤一郞(근대 일본의 저명한 소설가-역주)는 『문장독본文章読本』 중 '문장 잘 쓰는 법'에 대한 도입부에서 우선 "문법에 얽매이지 말 것"을 요건으로 들고 있을 정도다.

첫 번째로 말씀드리고 싶은 것은,

문법적으로 정확한 것이 꼭 명문名文**이라고 할 수는 없으니, 따라서, 문법에는 얽매이지 말 것.**

이라는 점입니다.

이것은 마치 다니자키의 신조처럼 표현되고 있기 때문에 이런 서술 형태를 취하고 있겠지만, 실은 굳이 얽매일 정도로 가치 있는 문법이 애당초 일본어에 없다고 판단했던 것으로 추정되는 측면도 있다. 이는 일본어에는 "서양어에 보이는 어려운 문법이 없습니다"라든가 "명확한 문법이 없습니다"라고 반복적으로 말했다는 사실로부터 짐작할 수 있다.

이런 사고방식은 약간 아마추어적 선입견에 의한 사고방식이라고 느껴진다. 조금이나마 언어학을 들여다본 적이 있는 사람으로서의 감상이다. 물론 일본어에만 해당되는 것은 아니지만, 소박한 사람들이라면 자신이 자연스럽게 구사 가능한 모어에 관해 그 당사자가 이미 "난해한 문법"을 갖추고 있다는 생각은 미처 하지 못할 것이다. 그러나 "예를 들어 핀우고르제어Finno-Ugric languages(우랄어족의 두 갈래 중 보다 더 큰 갈래를 이루는 어군으로 헝가리어, 핀란드어 등-역주)라든가 특히 튀르크어군Turkic languages(알타이어족의 한 갈래를 이루는 언어로 터키어, 우즈베크어 등-역주)처럼 비교적 단순하고 규칙적인 구조를 가진 언어"가 그런 것처럼, "명백하게 체계가 규범을 능가하고 있다"(코세류[Coseriu])라고 평가되는 언어 부류에 해당되는 일본어의 경우, 분명 다른 언어에 비해 상대적으로 "어려운 문법"은 필요치 않을 것이다. 복잡한 체계를 가진 유럽의 여러 언어들에 비하면, 일본어는 문법 지식의 결여가 내용 전달에 있어서 중대한 결과를 초래하는 언어는 아니다. 요컨대 일본어는 인도유럽어에 비해 보다 규칙적인 언어라는 점에서 "어렵고", "명확한" 문법이 없다고 말한 다니자키의 지적은 틀리지 않았다고 할 수 있다.

그러나 일단 일본어의 구조적 특수성은 잠시 접어두고, 모어에 대한 문법 지식이 어떤 종류의 것인지에 대해 중점적으로 살펴보자. 비유적으로 말하면 몰리에르Molière(17세기 프랑스의 대표적인 극작가-역주)의 연극에 나오는 인물의 감개와 비슷하다. 연극에서는 '말'이란 반드시 운문이나 산문 중 하나이며, 자신이 평소 말하는 말은 산문이라고 가르쳐주자 등장인물이 깜짝 놀라는 장면이 있었다. 혹은 자신이 평소 무의식적으로 행하는 보행(걸음걸이) 등을 분석적으로 봐도 좋다. 왼쪽 발이 앞으로 나올 때 오른쪽 발은 뒤에 있으며 왼손은 뒤에 있고 오른손은 앞에 있는 법이라는 것을 배우자마자 순간적으로 걷기 어려워져 버린 아이들 이야기와 비슷하다.

모어의 경우, 문법 지식은 좋은 문장을 쓰기 위해 도움이 되기는커녕, 실제 사용을 엉망으로 만들어버린다. 어째서일까. 모어의 경우 문법은 그 말을 쓰는 사람들의 '외부에 있는' 것이 아니라 말을 하는 사람이 '내부에서 만들어가는' 것이기 때문이다. 미지의 언어나 고어 문법이라면 일방적으로 받아들여야 하며 오로지 그 지배에 복종하기 위해 배운다. 하지만 모어 문법은 말을 하는 스스로가 그 주체인 것이다. 말을 하는 사람이 그것을 끊임없이 창조하고 발전시키고 있다. 따라서 오랜 규범에 비춰 봤을 때 파격, 혹은 오류라고 평가하는 것은, 실은 문법이 내적으로 진화한 것에 불과한 것이다. 그런 측면에서 보자면 다니자키는 여전히 문법의 권위의 눈치를 보며 표현에 주의했다는 말이 될 것이다.

모어 문법의 이런 기묘한 성격은 비웃음거리로 삼기에 최고였다. 특히 유럽에서는 아주 이른 시기부터 말에 대해 근본적으로 진지하게 고민하던 사색가들이 이에 대해 조롱해 마지않았다.

프리츠 마우트너는 "문법의 오류 따위, 문법이 발명되기 이전에는 전혀 존재하지 않았다"라는 흥미로운 말을 남겼다. 마우트너는 이외에도 다양한 언급을 하고 있어서 일일이 인용하자면 한이 없지만, 그중에는 다음과 같은 것도 있다.

　소포클레스가 문법에서 실수할 수 없었던 것은, 저지低地독일어Plattdeutsch(플랏도이치, 북부 독일지역 방언-역주)를 말하는 마을 소년이 자신의 내면에 있는 말의 문법에 위반될 수 없는 것과 마찬가지였다. 괴테는 문법에서 실수했을지도 모르나 그 어머니는 하지 않았다. 글로 적힌 문법만 존재하지 않았다면 문법의 오류는 없었을 것이다. (방점, 다나카)

　문법이 창작을 방해하는 존재임을 좀 더 적극적이고 선동적으로 단언한 사람은 가스톤 파리Gaston Paris(19세기 말기의 저명한 프랑스 문헌학자-역주)였다.

　파스칼, 라 퐁텐La Fontaine(17세기 프랑스 우화작가-역주), 보쉬에Bossuet(17세기 프랑스의 주교, 설교가-역주), 볼테르Voltaire(18세기 프랑스 사상가-역주)가 그토록 멋진 프랑스어를 쓸 수 있었던 것은 그들이 문법을 공부할 필요가 없었기 때문입니다.

문법을 방패로 삼는 규범주의에 대한 이런 식의 조소는,

좀 더 이전에는 낭만주의 사상과 제휴하고 있었다. 참고로 야곱 그림Jakob Grimm의 다음과 같은 생동감 넘치는 사상을 떠올려 보자.

> 600년 전, 평범한 농민이라면 누구나 독일어의 완전함과 자유를 알고 있었다. 요컨대 오늘날 최고의 언어 교사조차 감히 상상할 수 없는 독일어를 평소 쓰고 있었던 것이다. (하이데거에 의한 인용)

금지의 체계

언어학 혹은 언어학자가, '말'에 문법이 있다고 생각할 때의 문법은, 그 언어가 제공하고 있는 표현의 가능성을 가리킬 것이다. 요컨대 무엇을 말할 수 있는지, 표현을 위해 어떤 자유가 제공되는지를 생각한다. 이른바 문법적 오류란 그 시점에서는 설령 오류일 수도 있으나 언젠가는 더 이상 오류가 아닐지도 모른다(오류를 만드는 것은 규범이기 때문이다). 그 이유는 무엇일까. 만약 그것이 오류라 해도, 이해 가능한 오류라고 한다면, 체계의 가능성 안에서 나타난 오류이기 때문이다. 오류임을 인지할 수 있다는 말은 그것이 이해되었다는 확연한 증거이기도 하다.

그러나 국가가 학교 제도를 통해 가르치게 된 문법은 금지의 체계였다. 문법은 법전이었으며 규칙이었다. 지정된 것 이외의 가능성을 원천적으로 봉쇄해가는 언어경찰제도를 내부적으로 만들어가는 작업인 것이다. 이런 정신적 기능이 창작이라는 행위와 정반대의 지점에 존재하고 있다는 사실은 쉽사리 이해될 수 있을 것이다. 앙드레 마르티네(프랑스 언어학자-역주)는 "문법가들이 말을 죽인다"라는 격한 제목의 논문을 쓰기도 했다.

속어가 국가에 의해 국어로 변해가는 과정에서 창출된 문법은, 말을 다루면서도 그와는 별개의 존재인 규범이나 의례를 취급한 쪽으로 변질되어갔다. 자연스럽게 생겨나 안으로부터 용솟음치는 말이 "말하는 사람의 개입을 허락하지 않는" "이미 완성된" "국가의 말"로서 "문법에 의해 부여된" 것으로 변질된다. 문법 교육이란, 권위적으로 모어를 겁박하고 자신의 솔직한 마음을 그대로 표현할 수 없게 만든다. 문법 교육에서 글을 쓴다는 것은 정해진 틀을 벗어날 수 없다는 생각을 주입시키는 훈육을 말한다.

이런 과정 속에서 "문법"은 필수 불가결한 위치를 점하고 있다. 즉 모어 문법은, 말 자체를 위해 필요한 것이 아니라 '국가'와 그 부속 설비인 학교와 교사를 위해 요구되었던 것이다.

말은 끊임없는 변화를 통해 새로운 역사적 상황(의식의 변화)에 적응해 가려는 성질을 갖고 있다. 이에 반해 문법은, 진정한 의미에서는 결코 말이라고 할 수 없는 말을, 인위적으로 만드는 작업이라고 할 수 있다. 즉 문법은 태생적으로 말의 외부에 서서 말을 지배하는 도구인 것이다. 말은 현실이지만, 문법은 관념이자 규범이다. 속어에 문법이 부여된 바로 그 순간, 그것은 무엇보다도 지역과 시대를 뛰어넘어 말의 항상성恒常性을 유지하기 위한 장치라는 제2의 성격을 분명히 하게 된다. 속어에도 라틴어의 성격이 요구된다. 이 점은 네브리하의 문법 서문에 더할 나위 없이 명료한 모습으로 다음과 같이 표현되고 있다.

마치 라틴어나 그리스어가 기技(arte)의 아래 놓이기 위해 몇백 년 지나도 그 통일을 잃지 않는 것처럼, 지금도 그리고 앞으로도, 이 언어로 적힌 내용이 변함없이 이 상태 그대로 유지되고 장래에 계속 이해될 수 있도록 우리들의 이 카스티야어를 도구artificio로 만들어낼 것.

그것이 중요한 문제라고 말하고 있다.

엘리트와 괴롭힘 당하는 약자

속어 문법은 일단 한번 성립되면 영속적인 항상성 안에 놓이게 된다. 하지만 현실 속에서 살아 있는 언어는 변화한다. 오히려 변화는 언어의 본질에 속한다고 표현할 수 있을 정도다. 때문에 철자법, 활용 양식 등 일상 언어와의 사이에서 반드시 괴리가 발생한다.

평범한 사람들은 무심코 구어 용법을 문법 안으로 가지고 들어와 버린다. 이로 인해 규범이 크게 흐트러져 버리면, 언어 엘리트들은 그런 혼돈 양상을 한탄하며 구어를 문법에 따르게 하려고 한다. 문법의 진가가 발휘되는 것은 바로 이 순간이다. 문법의 안정과 불변을 원하는 심정이, 문법을 올바르다고 규정하고 거기로부터의 일탈을 오류라고 간주하기 때문에, 언어의 '변화는 언제든지 오류'이며 올바른 변화란 논리적으로 있을 수 없게 된다. 요컨대 언어에 관한 한 진보라는 개념은 있을 수 없다는 말이 된다.

역사적으로 보면 구어는 항상 문어에 선행한다. 문자의 기원이 말 자체의 기원보다 훨씬 뒤늦게 나타났다는 점은 새삼 언급할 필요조차 없을 것이다. 하지만 "구어문이란 어디까지나 문어문의 붕괴"라는 사고방식이 반복해서 나타난 것은 문법의 초언어적 신앙에 바탕을 둔 발언이다. 그리고 이런 신앙에는 깊은 뿌리가 있다. 근대 일본의 학교교육이 시작됨과 동시에 널리 퍼진 사고방식이기 때문이다.

　마음속으로 생각한 것, 다른 사람으로부터 들은 것을 입을 통해 다른 사람에게 전달하는 음성을 말이라고 한다. 말에는 옛날 말과 오늘날의 말이 있으며, 오래된 것은 대부분 올바르고 오늘날의 것은 표준에서 벗어난 것이 많다. 글로 적는 것은 대부분 오래된 말이다. 우리나라에서 태어난 사람은 설령 옛날 말이라도 대략적이나마 알아야 한다. (『제국독본[帝国読本]』말의 가르침 그 첫 번째[言葉の教其一], 1892년 간행, 방점 다나카)

　일본 현대 작가들의 발언, 이를 테면 "보수적인 문장 쪽이 좋으며" "문어문은 올바르고 구어는 그것이 붕괴된 것" 등은, 위에 예로 든 100년 전의 언급의 반복에 불과하다. 그렇다고 현대 작가가 이제와 새삼 이 해묵은 교과서를 끄집어내어 펼쳐놓고, 이 부분에 대해 문헌학적으로 접근하는, 주도면밀한 절차를 밟은 후 과거 학설을 다시 부활시키고자 했던 것은 분명 아닐 것이다. 그보다는 메이지시대 이후 계속된 엘리트주의적 국어 교육의 이데올로기가 고스란히, 그 무의식적인 잔상으로 남아 끈질기게 오늘날까지 전해지고 있기 때문이다.

규범의식의 창출에 전통적 '연륜'이 힘을 보태주고 있다는 사실은 이것으로 분명해졌다. 아울러 옛날 말은 일상생활 속에서 자연스럽게 익힐 수 없고 따로 또 배워야 하기 때문에 그야말로 그라마티카grammatica인 것이다. 그라마티카를 배울 수 있는 계층, 즉 언어적 엘리트와 그렇지 않은 일상적 평민과의 사이에는 어떤 단층이 존재한다. 그리고 항상 엘리트들의 심심풀이를 위한 약자들, 그들에게 괴롭힘을 당해줄 약자들이 준비되어 있다. 그러나 죄는 '말'에 있는 것이 아니라 문법의 지배에 있다.

"문어에서 붕괴된 구어"의 관념에 대해, 일찍이 블룸필드 Leonard Bloomfield(20세기 전반기의 미국의 언어학자-역주)가 18세기 학자들을 빙자해 언급했던 내용 한 대목을 살펴보고 싶다. 그에 의하면 당시의 학자들은 다음과 같았다.

언어라는 것은 교양과 조심성을 갖춘 사람들이 사용하면 잘 보호되지만, 교양 없는 무리들이 사용하면 그들이 일으키는 혼란에 의해 변해버린다고 생각하고 있었다. 그래서 영어 같은 현대어의 경우에도, 책에 나온 말이나 상류계급이 쓰는 구어는 '보다 오래되었고 순수한' 단계를 나타내고 있으며, 평민들이 쓰는 "속어"는 그것이 무너져 붕괴되어가는 과정에서 발생한 것이라고 굳게 믿고 있었다.

블룸필드는 20세기의 새로운 유파에 속한 언어학자이므로 오늘날의 과학적 사고에서 출발해 18세기를 그저 고색창연한 과거로만 회고하고 있는 것일까? 결코 그렇지 않다. 애석하게도 그 경향은 지금도 여전히 살아 있는 생생한 사상이기 때문이다.

이 점을 보여주기 위해 좀 더 과거의 인물인 헤르만 파울 Hermann Paul(19세기 후반의 독일의 언어학자-역주)의 지적을 예로 꼭 들어둬야 할 것 같다. 파울은 선행하는 다양한 방언들 중에서 공통어나 문학어의 규범이 나왔다는 사고방식이 인정되지 않은 채, 일단 먼저 규범 언어가 미리 존재했다는 사고방식이 매우 넓고 광범위하게 퍼져 있다고 지적하며 다음과 같이 언급하고 있다.

나는 이런 태도 안에서, '문어만이 본래 생존권을 가지며 구어는 그것이 붕괴된 것에 지나지 않는다'고 생각해버리는 과거와 같은 선입관에 여전히 얽매여 있다는 사실을 확인할 뿐이다. (『언어사의 원리』)

우리들이 놀라는 것은 파울의 이런 지적이 무려 100년이나 이전인 1880년에 행해졌다는 점, 그리고 그 내용을 그대로 베낀 것처럼 현대 일본의 작가들이나 문장비평가들이 똑같은 소리를 반복하고 있다는 점이다. 언어학의 기술이 예민하고 소심한 장인정신에 의해 세부에 이르기까지 발전되어왔다고는 해도, 언어학의 사상은 거의 그 역할을 다하지 못하고 있는 것이다.

공무원으로 그 직무 수행 중 프랑스어 이외의 방언 혹은 언어로 문서를 작성하거나 서명한 자는 그 거주지 재판소에 출두해 6개월의 금고형을 받아 복역한 후 파면당해야 할 것이다.

——1794년 7월 20일 국민공회령
제3조에서 발췌

제4장
프랑스 혁명과 언어

국가의 언어

속어가 라틴어를 제치고 국가적 규모에서 사용되었다가 결국 독점적 지위를 획득해가는 과정은 결코 저절로, 자연스럽게 진행된 것만은 아니었다. 물론 단테가 찬미했던 것처럼 속어의 자유로움, 자연스러움, 그리고 무엇보다 많은 사람들이 굳이 따로 '배우지 않아도 가능하다'는 점에, 결국 속어가 승리를 거둘 만한 이유가 있었겠지만, 그렇다고 해서 이 승리가 속어 자체의 힘만으로 얻어진 것은 아니었다. 국가는 그 권력을 행사해 다양한 형태로 속어를 지지해주었는데, 결국에는 법적 수단에 호소했다.

오늘날 어떤 식의 형태로든 해당 국가어 이외의 말을 모어로 하는 민족 그룹이 국내에 존재할 경우, 대부분의 근대 국가는 그 국가의 언어 지위를 법률에 의해 규정할 뿐만 아니라 그와 함께 이런 비국가어의 지위도 미리 정해놓는 경우가 많다. 이런 종류의 법률로 언어에 관한 법, 즉 언어법이라는 명칭의 특별한 법이 있다. 특히 스위스처럼 아예 헌법에서 해당 국가에서 사용되는 언어의 지위 규정을 확실히 언급한 경우도 있다. 예를 들어 다음과 같다.

제116조

하나, 독일어, 프랑스어, 이탈리아어, 레토로망스어는 스위스의 국가어다.

둘, 연방 공용어는 독일어, 프랑스어, 이탈리아어로 한다.

이 규정은 1938년부터 시작된 새로운 버전으로, 그 이전인 구헌법에서 레토로망스어는 국가어 지위에 있지 않았다. 언어의 지위에 대한 규정은 심지어 헌법개정까지 갈 수있는 중대문제인 것이다.

국가와 언어와의 농밀한 결부, 거기에서 국어—보다 엄밀하게 표현하자면 국가어—의 개념이 출현하게 되는 것인데, 이 양자의 관계를 법률로 확실히 규정한 최초의 예는, 바로 프랑스였다. 하지만 프랑스의 경우, 프랑스어의 특권적 지위를 명확히 했을 뿐만 아니라, 일체의 타언어 사용을 전면적으로 배제할 것을 목적으로 하고 있었다.

오늘날 프랑스 땅에서 프랑스어 이외에도 몇 개나 되는 언어(방언이 아니라)가 사용되고 있다는 사실을, 대학의 프랑스어 수업에서조차 밝히는 경우가 거의 없다. 그 이유는 프랑스어를 기술적으로 가르치는 것에 주안점이 놓여 있기 때문일 것이다. 그러나 이 사실은 본의 아니게 비프랑스어를 모어로 하는 다수의 프랑스 국민의 존재 사실을 잊게 해주고, 결과적으로 그들을 무시하는 데 기여한다.

97쪽의 그림에서도 볼 수 있듯이 프랑스 서쪽 끝에는 브르타뉴어가, 스페인과의 국경지대에는 바스크어와 카탈로니아어가, 벨기에와의 국경에는 플라망어가, 알자스Alsace와 로렌Lorraine(독일어로는 엘자스와 로트링겐)에는 독일어와 비슷한 말이, 또한 모든 국토의 3분의 1에 해당되는 남부에는 프로방스어를 포함한 오크어가 사용되고 있다. 섬이기 때문에 자칫 간과되기 십상이지만 코르시카어가 있다는 사실도 잊어서는 안 된다. 이런 언어들을 모어로 하는 사람들은 프랑스 국민의 거의 4분의 1에 달하는 것으로 추정된다. "추정된다"라는 식으로 애매한 표현을 하지 않을 수 없는 데는 이유가 있다. 프랑스에는 전국적 규모로 행해진 언어 관련 새로운 조사 자료가 거의 존재하지 않기 때문이다. 1863년의 조사 자료가 남아 있을 뿐, 그 이전에도 그 이후에도 대규모로 행해진 조사는 없었다.

각각의 모어 사용자에 관한 조사가 행해지고 있다는 것은 그만큼 해당 국가의 말에 대한 민주주의의 정도를 가늠해볼 수 있는 잣대가 된다. 이 점에서 가장 선진적인 나라는 벨기에다. 배경에는 물론 심각한 언어 대립이 있다. 왈롱어과 플라망어의 언어 구성을 이미 1846년에 조사한 바 있는 벨기에는, 그 이후 거의 10년마다 반복적으로 이를 실행하고 있다. 영국이 그 뒤를 잇는다. 1851년에는 아일랜드에서 영어와 게일어에 대해, 1891년에는 웨일즈와 스코틀

프랑스의 언어분포

(G. Kremnitz, Die ethnischen Minderheiten Frankreichs 1975에 의한다)

랜드에서 비슷한 조사가 행해졌다.

제1차 세계대전 후 민족자결운동의 물결을 타고 출현한 유럽 여러 나라들이 자발적으로 언어 통계를 실시했음에도 불구하고, 프랑스만은 그것을 실행하지 않은 채 프랑스어 이외의 언어가 있다는 사실을 인정하려 하지 않았다. 그런 말들은 앞서 언급했던 것처럼 자곤jargon이나 파트와Patois 로 치부되며 정식 언어로 간주되지 않았기 때문이다. 프랑스는 언어에 관한 한 전제적인 국가였으며, 유럽 중에서 가장 후진적인 시책을 계속 취해갔다.

프랑스 안의 비프랑스어

언어적으로 다양한 프랑스가 아니라, 프랑스에서는 오로지 프랑스어만을 보도록 강요당하는 것은, 유럽으로부터 아득히 멀리 떨어진 극동의 일본인만이 아니다. 유럽 사람들조차 "프랑스의 소수 민족"과 그들이 사는 "유럽 내 식민지"에 주의를 기울이기 시작한 것은 극히 최근의 일이다. 어째서 식민지라고 불리는 걸까. 프랑스 정부는, 예를 들어 위험이 동반되는 원자력 발전소를 프랑스어를 사용하지 않는 이런 변경에 건설함으로써 반대 운동을 회피하려 해왔기 때문이다. 요컨대 원자력 발전소의 건설은 비프랑스어를 모어로 하는 사람들에 대한 차별을 일거에 드러내는 계기를 만들어버렸다.

그렇다고 이들이 모어를 상실해가면서 아무런 저항도 하지 않았던 것은 아니다. 예를 들어 어느 브르타뉴인은 자신의 아이에게 브르타뉴어 이름을 붙여 출생신고를 했다. 관청은 그 수리를 거부했다. 아이에게 브르타뉴어 이름을 붙이는 것은 법률이 금하고 있기 때문이다.

근거가 된 법률은 공화력 11년(1803년)으로 거슬러 올라가는, 이른바 나폴레옹 법전을 말한다. 나폴레옹 법전에 의하면 이름의 선택 범위는 엄중히 제한되어 있는데 그 제한은 그대로 현대까지 답습되고 있다. 나폴레옹 법전에 의한 작명 규정 내용은 과연 어떤 내용이었을까. 그에 대해 연구한 기무라 겐스케木村健助 씨에 의하면 신생아에 붙일 수 있는 이름은 "각종 달력 안에 기재되어 있는 이름과 옛날 역사 안에 존재했던 유명한 인물의 이름만으로 한정한다"라고 한다. 실제로는 어느 정도의 숫자일까. "입수 가능한 책 중에 실용적으로 편찬된 한 권의 작명사전을 보면, 수록되어 있는 이름의 숫자는 겨우 500개에 불과하다", "이는 우리들이 봤을 때, 중대한 제한 규정이다"라고 기무라 씨는 언급하고 있다(『프랑스법의 성명[フランス法の氏名]』). 심지어 이 제한은 단순히 프랑스어 인명에 관계된 것뿐만 아니라, 현실적으로 좀 더 중대하고 근본적인 또 다른 제한, 즉 프랑스어 이외의 언어에 의한 작명 금지도 포함하고 있다. 즉 프랑스어를 쓰지 않는 브르타뉴인은 프랑스 국민이지만 프랑스인이 아니며, 심지어 이제 막 태어난 아이에게 브르타뉴어 이름을 붙여주는 것은 감히 바랄 수도 없는 시도인 것이다.

그렇다면 조금 전 그 이야기에서 출생신고를 거부당한 아이는 과연 어떻게 되었을까. 그는 출생 사실을 인정받지 못한 채 20살의 청년이 되었다고 한다. 그 아버지는 매년 관청에 출생신고를 제출했고 제출하는 족족 거부당했다. 20년 동안 이 브르타뉴인은 입학시험, 운전면허증 취득, 은행예금 계좌개설, 여권입수 등 시민으로서의 온갖 권리를 계속 거부당했다. 이 이야기는 뮌헨에서 발행된 "남독일 신문"에 게재되었는데, 이 아버지의 호소가 그 후 어떤 결과를 낳았는지는 이후 확인할 수 없었다.

이 시점에서 궁금해지는 것은 프랑스어의 이런 절대적 지위가 어떻게 형성되었는지에 관해서다. 자유·평등·박애를 부르짖은 그 프랑스 혁명은, 억압당한 언어나 민족의 해방이 아니었단 말인가. 많은 의문이 솟아오른다. 이런 질문에 답하기 위해서는 프랑스어사, 즉 프랑스어 자체의 기술에 관한 역사뿐만 아니라 프랑스어가 어떻게 국내의 다른 언어들과 경쟁해 오늘날 같은 특권적 지위에 올랐는지, 그 사회적인 언어사를 조사해봐야 한다.

오크어와 오일어

프랑스의 간단한 언어 지도를 거시적으로 조망해보면, 중남부를 동서로 가로질러 큰 언어경계선이 달리고 있다. 선의 북쪽에서는 전통적으로 이른바 일드프랑스(파리를 중심

도시로 프랑스 북부에 위치한 레지옹 지역-역주)를 본거지로 한 프랑스어가 사용되고 있으며, 파리는 그 중심에 있다. 경계선의 남쪽에 있는 지방, 즉 가스코뉴Gascogne(프랑스 남서부 지방-역주), 리무쟁Limousin(프랑스 중부-역주), 오르베뉴Auvergne(프랑스 중부 지역-역주), 랑그도크Languedoc(프랑스 남부 지역-역주), 도피네Dauphiné(프랑스의 남동부 지역-역주), 나아가 사부아Savoie(프랑스 남동부로 이탈리아와 국경을 이루는 곳-역주)의 일부에서는 북쪽의 프랑스어와 현저하게 이질적인 말이 사용되고 있다. 남쪽 여러 지방의 각각의 말 사이에도 물론 서로 다른 다양한 방언적 특징은 있지만, 북쪽의 프랑스어와 남쪽의 방언군과의 사이에는 더 한층 확연히 눈에 띄는 커다란 대립이 있다. 그것은 "네"라는 긍정의 답변을 경계선의 북쪽에서는 "우이oui"라고 말하고 남쪽에서는 "오크oc라고 한다는 점이다('오크'가 약해져 '오'라고만 하는 지방도 있다고 하는데, 일단 그것도 오크의 변종이라고 보기로 하겠다). 그래서 이런 오크로 하는 말을 옥시탄occitan, 즉 오크어라고 부른다. '우이'는 중세에는 오일oïl이라고 했기 때문에, 결국 프랑스는 언어적으로 크게 오일어 지대와 오크어 지대로 나뉜다.

중세시대까지는 오일과 오크의 경계가 루아르강 근처에 있었다. 현저한 언어적 차이는 일찍부터 사람들의 주목을 받고 있었기 때문에 알비Albi나 몽펠리에Montpellier 등의 마을이 있는 지방은 그 말의 특징에 따라 '랑그도크Languedoc 주'라고 불리고 있었다. 로마시대부터 내려오던 오래된 지명 아키텐Aquitaine 역시, 오크의 당이라는 의미를 표현하고자 붙여진 명칭이라고 전해진다.

단테는 로망스계 여러 언어들에서 "네, 그렇습니다"에 의해 언어를 분류하려고 한 선구적 인물 중 한 명임을 확인해 둘 필요가 있다. 즉, 그 속어론 안에서 "긍정의 답변을 할 때, 어떤 사람은 '오크', 어떤 사람은 '오일', 어떤 사람은 '시'라고 말한다. 이는 즉 스페인 사람, 프랑스 사람, 이탈리아 사람에 해당된다"라고 언급하고 있다. 단테는 프로방스어를 알고 있었다. 프로방스어와 스페인어가 비슷했기 때문에 오크를 스페인어라고 생각하고 오답을 말해버렸지만, 그 점을 빼면 오늘날에도 그대로 통용되는 언어 구분 방식이다. 오크어는 오늘날에도 여전히 오일어에 비해 보다 고풍스런 느낌을 간직하고 있다. 오크라는 말 자체가 라틴어의 호크hoc "그것"에서 직접 유래된다. 갑자기 오크어를 사용하는 사람이 되었다고 치고, 일단 한번 오크·벤(Oc ben!, "좋고말고요!")라고 말해보자. 이것을 프랑스어에 친다면 "우이·벤"이란 말이 될 것이다.

오크어의 성쇠

중세 프랑스에서는 두 가지의 대규모 문어가 성립되어 있었다. 첫 번째는 남부의 중세 오크어였으며 나머지 하나가 북부의 중세 프랑스어였다. 하지만 중세 프랑스어는 아직 문화적으로 거의 의미를 갖지 못한 상태였기 때문에 오크어의 문학적 개화와 융성에 비하면 미미한 존재에 지나지 않았다.

옥시탄의 언어문화를 담당했던 것은 트르바두르Troubadour라고 칭해지는 음유시인들이었다. 그들의 활동에 의해 상당히 균질적이고 유통 영역이 광범위한 문학어가 형성되었다. 덕분에 남부 프랑스는 12, 3세기 유럽에서, 가장 성숙된 문학 공간을 이루고 있었다. 프로방스어와 그 문학에 깊이 매료되었고, 프로방스어에서 나아가 여러 언어 형성에 이르기까지 고찰을 진행시켜갔던 아우구스트 빌헬름 폰 슐레겔August Wilhelm von Schlegel(독일의 학자이자 비평가, 동양학자, 시인-역주)은 1818년에 프랑스어로 쓴 「프로방스의 언어와 문학에 관한 고찰」에서 "오늘날까지 남부 프랑스에 남아 있는 이 방언은 일찍이 프랑스의 모든 땅에 널리 퍼져 있었다"라는 레이누아르의 학설을 인정했다.

단테나 페트라르카Petrarca(르네상스 시대 이탈리아의 시인-역주)로 하여금 라틴어가 아니라 속어에 의해 문학을 일으키겠다는 생각을 갖도록 동기를 부여해준 존재는 다름 아닌 트르바두르에 의한 오크의 문학이었다. 유럽 속어문학의 원류를 이루는 오크의 문학 활동은 스페인에도 지대한 영향을 끼치고 있었다. 그에 비하면 문화어로서의 프랑스어의 개화는 훨씬 뒤떨어져 행정 문서 등에 등장하기 시작한 것도 14세기 이후나 되어야 했다.

남부 프랑스의 오크가 북부 프랑스의 오일로 바뀔 수 있었던 최초의 동기는, 북부가 남부를 대상으로 수행한 피비린내 나는 군사적 정복 때문이었다. 11세기 말부터 12세기에 걸쳐, 랑그도크의 중심지인 알비라는 마을에서 교회의 지배를 벗어나 청빈을 이상으로 추구한 종교운동이 발생한다. 이 일파는 그 거점이 된 마을 이름을 따서 알비파Albigenses라고 칭해진다. 언어 역사상 주목할 만한 그들의 활동 중 하나로 프로방스어로 번역된 성서에 의한 전도가 있다. 루터가 바르트부르크성에서 독일어로 성서를 번역했을 때보다 무려 300년 이상 과거로 거슬러 올라간 사건이었다.

그러나 로마 교황은 그런 곳에 십자군을 파견해 괴멸적인 타격을 가했다. 직접적인 계기가 된 것은 그곳을 찾았던 교황 특사가 톨르즈백작의 시종에게 살해당한 사건 때문이었다. 교황 인노켄티우스 3세의 요청으로 1209년부터 1229년까지 20년에 걸쳐 알비 정복전쟁이 계속되었다. 남부 프랑스는 황폐해졌고 결국 왕령 지역에 병합되었다. 이 사건은 단순히 남부 프랑스의 정치적 자립을 소멸시킨 것에 그치지 않고, 프로방스어를 비롯한 오크어에 대해 회복 불가능한 타격을 가했다.

왕권의 침투와 함께 프랑스어도 오크 지방에 깊숙이 파고들어갔다. 트르바두르의 콩클에 해당되는 'Consistori del Gai Saber(즐거운 학예의 모임)'은 오크의 문학 활동을 유지하기 위해 트르바두르에 의해 1355년에 만들어진 것이었는데, 1513년에 'Collége de Rhétorique'라고 개칭되면서 오일어 이외의 사용이 더 이상 허용되지 않았다. 슐레겔은 트르바두르가 말하는 "학예gai saber"의 특징을 "책이라든가 유명한 고전 견본에서 뽑아낸 것이 아니라 오로지 그들의 시적 본능에서, 그리고 당시 사람들의 마음에 들고 싶다는 바람에서 나온 것"이라고 언급하고 있다(전게서).

북부 프랑스어에서도 문학적 축적은 서서히 진행되고 있었다. 프랑수아 1세에 의해 콜레주 드 프랑스Collège de France가 설립되었고 디오도로스, 크세노폰, 투키디데스 등 그리스, 라틴 고전이 프랑스어로 번역되었다. 그곳에서는 무엇보다 라틴어에 대한 속어, 즉 프랑스어 우위를 확보한 후, 라틴어와 손을 끊는 것이 최대의 관심사였던 것이다.

프랑스의 어머니의 말

일본어의 역사, 요컨대 국어사의 일반적 지식을 참고로 하면서, 그것과의 대비로 유럽의 언어사를 살펴볼 때 새삼 깨닫게 되는 사실이 있다. 유럽의 경우, 언어사에 나타난 비일상적 지배 언어로부터의 해방과 모어에 대한 격렬한 요구가 언어사에 강한 색채를 부여하고 있다는 사실이다. 반면에 일본의 경우, 최고 권력자의 의향이 인민에게 최대한 잘 전달될 수 있도록, 권력 측에서 적극적으로 일상의 말로 글을 쓰도록 노력하거나, 한문 같은 문장을 금하는 포고를 낸 적이 없다. 그런 시도에 대해 단 한 번이라도 생각이 미친 적조차 없었다. 이로 인해 한자와 한문의 권위는 유지되었고 끊임없이 강화되었다. 엘리트들은 오로지 그것을 지킴으로써 스스로의 이익을 지켰다. 즉 엘리트와 민중 사이의 언어적 단절을 해소하기 위해, 권력을 가진 자들이 자진해서 직접 개입하는 경우가 결코 발생하지 않았던 것이다.

유럽의 여러 언어들의 역사 안에서도 프랑스어는 라틴어의 권위를 무너뜨리기 위해 국왕이 절대적 권력을 발동해 그것에 도전하는 놀라운 선례를 제공하였다. 프랑수아 1세가 1539년에 발포한 '빌레 코트레 칙령ordonnance de Villers-Cotterêts'이 바로 그것이다. 거기 나온 110조와 111조는 프랑스 국내의 공적 생활에서는 왕의 언어만이 국가의 언어라며 "모든 재판과 공무에서" "금후에는 당사자 쌍방에 대해" "프랑스의 모어만이 발음되고 기록되고 전해져야 한다"……soient prononcez, enregistrez et delivrez aux parties en langaige maternel françois는 것을 결정했던 것이다. 여기서 굳이 원문을 인용한 까닭은 "프랑스의 어머니의 말"이라는 표현에 주목해보고 싶었기 때문이다.

이 칙령이 의미하는 바는 모어가 국가의 언어로 바뀌는 과정에서 어떤 것이 필요했는지를 나타내고 있다. 충분히 음미하며 깊이 생각해볼 필요가 있을 것이다.

이 칙령은 우선 "어머니의 말"에 공적인 지위를 부여함으로써 그 권위를 확립한 후 라틴어에 치명적인 타격을 주고자 했다. 라틴어에 대해 무지몽매한 민중이 그로 인해 불이익을 당하는 일은 이로써 사라지게 되었다. 그러나 이 "어머니의 말"이 가리키고 있었던 것은 "프랑스의 어머니의 말" 즉 오일의 어머니들의 말뿐이었다. 때문에 오크를 비롯한 기타 지역의 어머니의 말은 법률에 의해 금지당하는 결과를 낳았다. 요컨대 이 칙령은 라틴어를 배제했을 뿐만 아니라 프랑스어라는 속어가 공적인 언어가 되기 위해서 그와 경합하던 다른 속어들에게 결정적인 타격을 주었던 것이다. "국가의 언어"라는 말이 처음으로 출현한 것은 프랑스 혁명 이후의 일이지만, 그 "국가"의 실질적인 중핵은 이미 1539년의 법적 조치에 의해 확립되었다.

이 결정에 의해 1540년 이후 프랑스의 모든 공적 문장에서 오크어가 자취를 감췄다. 오늘날 프랑스에서 발견되는 지역주의적 발상의 완벽한 소멸과 철저한 중앙집권주의적 바탕은 이때 이미 구축된 것이나 다름없다.

언어 입법 덕분에 국가의 비호 아래 놓인 속어, 즉 프랑스어의 융성은 폭발적인 기세를 얻을 수 있게 되었다. 칼뱅이 라틴어로 쓴 명저 「기독교 강요」도 5년 후인 1541년 곧장 프랑스어로 번역되어 세상에 모습을 드러냈을 정도였다.

프랑스어의 방위와 찬미

그러나 어떤 하나의 언어는 법에 의해 보호받는 것만으로는 충분하지 않았다. 모어, 속어는 단테가 "원래 사랑을 노래하기 위해 발견된 것이다"(「신생」)라고 언급했던 것처럼 문학을 소유하고 그것에 의해 지탱되어야 비로소 단단한 버팀목을 얻게 된다. 실제로 16세기 후반은 플레야드La Pléiade(16세기 7명의 프랑스 작가들의 모임-역주)의 7명의 시인에 의해 프랑스어에 의한 문학의 날개가 힘찬 도약을 시작한 시기였다. 하지만 시인들이 아무런 자각 없이 프랑스어와 마주하고 있었던 것은 아니다. 처음으로 모어에 의한 문학을 시도할 때, 시인이나 작가들은 항상 말의 이론가이기도 했다. 프랑스 문학이 개화하려던 중요한 시기에, 속어 문학을 옹호하는 이론가로서의 측면을 몸소 체현한 사람은 조아심 뒤벨레Joachim du Bellay였다.

1549년의 일이었다. 이 인물은 자신의 저서 『프랑스어의 방어와 찬미La deffence et illustration de la langue Françoyse』라는 책을 통해, 아무리 야만적이라 일컬어지는 일상적 말이라도 어휘를 풍요롭게 하고 문체를 계속 궁구함으로써 충분히 예술적 언어로 활용이 가능하다고 역설했다. 이 책의 제목은 일본에서 보통 「프랑스어의 옹호와 현양」이라는 식으로 번역되고 있다. 프랑스어는 당시에도 여전히 라틴어 권위자들로부터 항상 공격의 대상이 되곤 했기 때문에, 나약하기 그지없는 프랑스어를 감싸겠다는 심정을 한층 선명히 표현하기 위해, 이 책에서는 굳이 "방어와 찬미"라고 번역해보았다. 뒤벨레는 당시의 문화 상황을 감안하여 고전어와 고전어 문학의 세계에 세세한 배려를 잊지 않았지만, 프랑스어를 풍요롭게 만들기 위해서는 각지의 방언 속에 남아 있는 고어들이나 수공업 장인들의 말에서도 소재를 끌어내서 활용할 것을 고려해봐야 한다고 지적했다.

이후의 프랑스어가 어떻게 다뤄졌는지, 혹은 오늘날 사람들이 프랑스어와 어떻게 마주하고 있는지와 비교해보면,

이 논문은 다소 의아스러운 느낌을 준다. 즉 프랑스어를 훌륭하게 만들기 위해 프랑스어 중에서 방언, 하층의 언어 등에 유래하는 다양한 협잡물(불순물)을 제거하여 좀 더 순화시켜야만 한다는, 후세의 이른바 순화주의가 아직 그 병폐를 드러내고 있지 않기 때문이다. 당시의 프랑스에서는 방언에 대한 혐오감이 아직 그다지 병적인 증상을 보이지 않았음을 짐작할 수 있다.

당연한 현상으로 생각되는 이유가 있다. 『프랑스어의 방어와 찬미』는 언어적으로 다양하다는 것을 기피하지 않는, 보다 자유로운 이탈리아에서 만들어진 언어 이론서를 바탕으로 나온 논문이었기 때문이다. 바로 그 서적은 스페로니Speroni라는 학자가 『언어에 대한 대화Dialoge delle lingue』라는 제목으로 1542년에 저술한 책이다. 『프랑스어의 방어와 찬미』보다 7년 먼저 저술된 이 서적은 뒤벨레에 의해, 프랑스의 이른바 속어운동의 강한 지지 속에서 번역, 개작되었다.

『언어에 대한 대화』는 피에트로 벰보Pietro Bembo라는 속어 지지자와 라짜로 부오나미코Lazzaro Bonamico라는 후마니스트가 서로 주고받은 논쟁 형태로 진행되고 있다. 후마니스트는 인문주의자로 번역되는데, 일본에서라면 한문주의자쯤으로 파악하면 이해가 쉬워질 수도 있다. 여기서 벰보는 일찍이 후마니스트들이 라틴어 작품에 대해 실로 진지하게 마주했던 것처럼, 속어로 작성된 페트라르카나 보카치오의 작품은 진지하게 연구해볼 가치가 있다고 주장했다. 그러나 부오나미코는 완고한 태도로 속어를 깎아내렸다. 속어는 그저 "망가지고 부패한 라틴어"에 불과하며 열등한 말일 뿐이라는 것이다. 스페로니는 이런 두 사람의 논쟁에 또 한 사람의 인물을 등장시켜 논쟁에 끼어들게 한다. 철학자 피에트로 폼포나치Pietro Pomponazzi였다. 폼포나치는 "정부도 사람도 변하는 것처럼, 언어 역시 사상과 감각의 변천에 따라가기 마련이지"라고 언급한다. 살아 있는 말을 넓은 가슴으로 그대로 품어주며 찬미하는 태도가 엿보인다.

스페로니가 이 대화에 등장시킨 사람들은 모두 당시의 실존 인물들이었다. 벰보는 『속어에 대해서』(1525년)라는, 역시 대화 내용을 수록한 글에서도 속어를 주장하고 있다. 폼포나치는 볼로냐대학의 저명한 교수로 스페로니도 그에게 수학했다. 따라서 스페로니의 저서는 단테 이후 현재에 이르기까지, 아니 현재 이 순간에도 끊임없이 논쟁거리가 되고 있는 쟁점들을 집대성한 작품임에 틀림없다. 아울러 이 테마는 여전히 사회언어학의 참신한 주제이기도 하다.

단테로 거슬러 올라가는 속어 찬미는, 실은 남부 프랑스의 프로방스어에게서 배운 것이었다. 만약 프로방스어가 없었다면 페트라르카도 보카치오도, 나아가 스페로니의 언어이론도 존재할 수 없었다. 프랑스는 그런 프로방스어의 언어와 문학을 직접 멸망시킨 후, 이탈리아로부터 속어 옹호 이론을 새삼 수입했던 것이다. 그리고 뒤늦게 출발한 프랑스의 속어 옹호는, 라틴어에 대항하는 프랑스어를 보호함과 동시에, 방해가 되는 여타의 수많은 속어들을 겨냥하는 칼날이 되고 말았다.

프랑스어의 위신

'빌레 코트레 칙령'이 나오고 나서 약 1세기 후인 1635년, 프랑스어를 세련되게 만들기 위한 공적 기관으로 아카데미 프랑세즈가 발족했다. 그곳의 "40명의 전제군주"(마우트너)가 항상 프랑스어의 움직임에 대해 철저히 감시하게 된 것이다. 특히 중요한 일은 프랑스어의 규범을 보여주는 "아카데미 사전"을 편찬하는 작업이었다. 아카데미 방식은 속어가 라틴어를 제치고 문어의 지위를 얻을 때 반드시 요구되는 관리기관으로, 이 아카데미 역시 프랑스의 발명이 아니라 이탈리아의 선례를 답습한 형태다. 즉 피렌체에서는 프랑스보다 반세기 앞선 1582년, 크루스카 아카데미Accademia della crusca가 설립되었다. 기관명 자체가 기관의 목적을 그대로 드러내고 있어서 실로 흥미롭다. 즉 "마치 크루스카 (밀기울)에서 밀가루를 골라내는 것처럼come si cerna la farina dalla crusca", 불순한 언어를 제거하여 순수한 말을 남기는 것이 목적이었기 때문이다(징가렐리[Zingarelli]의 사전에 의함).

루이 14세와 리슐리외의 통치 아래서 코르네유, 라신느, 몰리에르 등의 고전극을 통해 결실을 맺은 프랑스어는, 계몽 시대에 접어들자 단순히 프랑스 국가 내부에만 머무르지 않고 국외 상류사회에서 가장 세련된, 지성과 진보의 말로 퍼져나갔다. 특히 여전히 후진적이었던 독일어권에 프랑스어의 위신이 끼친 충격은 컸다. 프로이센 대왕, 프리드리히 2세는 프랑스어에 심취했으며 볼테르와 친교를 맺었다는 사실은 수많은 에피소드로 남아 있다.

대왕과 볼테르와의 관계는 매우 흥미롭다. 러시아의 전제 여제 예카테리나 2세와 드니 디드로Denis Diderot처럼 언뜻 보기에 기묘한 조합이긴 하다. 1750년 볼테르가 베를린의 대왕의 보호 속에서 체재하던 중, 파리에 있던 친구에게 보냈다는 편지가 지금도 전해 내려온다. "여기 있는데도 마치 나는 프랑스에 있는 것 같은 기분이 든다. 베를린에서는 오직 프랑스어만 사용되고 있다. 독일어를 사용할 때는 병사나 말에게 말을 건넬 때 정도다. 대왕의 남동생은 어떤 프로이센 귀족에게 독일의 말이 되고 싶지 않으면 프랑스어를 공부하는 편이 좋을 거라고 권했다고 한다" 등등의 내용이 적혀 있었다고 한다. 1750년의 일이었다.

대왕 본인도 1780년, 프랑스어로 작성된 「독일 문학에 대해서」라는 글 속에서 독일어는 '야만적인 방언'이라고 쓴 바 있다. 이 제목에는 "독일어를 비난할 수 있는 결함에 대해. 그 이유는 무엇일까. 어떻게 그것을 바로잡을 수 있을까"라는 부제가 달려 있었다. 대왕은 프랑스어의 울림이 세련되고 부드러운 것에 반해 독일어가 딱딱하다는 점을 한탄하다가, 결국에는 동사의 형태를 바꾸는 것까지 제안하고 있다. 사겐sagen(말하다), 게벤geben(부여하다)는 마지막에 모음을 덧붙여 사게나sagena, 게베나gebena라는 부드러운 발음으로 바꾸자는 의견이었다. 물론 문장 구조도 프랑스어와 비슷하게 보다 간결하고 논리적이고 분석적이고 객관적으로 바꾸면, 이 야만 방언도 마침내 유럽 콘서트 안에서 제1 바이올린을 연주할 수 있게 될 수도 있을 것이라고 지적했다.

대왕이 이런 내용을 썼을 무렵 독일에서는 이미 괴테, 클롭슈토크, 레싱, 헬더 등이 활동을 시작한 상태였으며 이어진 프랑스 혁명과 나폴레옹 전쟁을 거친 반세기 후에는 격한 프랑스 증오, 프랑스어의 영향을 불식시키기 위한 노력이 펼쳐지게 되었다. 하지만 당시에는 아직 독일이나 러시아에서 프랑스어의 위신은 절대적인 것이었다.

명석하지 않은 것은 프랑스어가 아니다

프랑스어의 영광을 세계에 오랫동안 남기게 한 기념비적 논문이 나오게 된 계기를 만든 것도 프로이센이었다. 프리드리히 2세에 의한 프랑스어 찬미가 나타난 2년 후인 1782년, 베를린의 아카데미는 세 가지 문제를 걸고 현상 논문을 모집했다. 하나는 (1) 프랑스어를 전 유럽의 보편적인 언어로 한 것은 무엇일까, (2) 프랑스어는 어떤 점에서 그런 특권에 응당한 자격이 있는가, (3) 프랑스어는 그 지위를 유지할 수 있다고 생각되는가, 라는 것이었다. 원고 마감 기일은 1784년 1월 1일이었다. 프랑스어의 압도적인 위신 아래 부과된 이 설문 자체가 프랑스어로 적혀 있었다.

최종 선고에는 두 가지 논문이 올라왔다. 하나는 무명의 프랑스인 앙투안 리바롤Antoine Rivarol의 논문이었고, 나머지 하나는 슈투트가르트Stuttgart 대학의 철학 교수 슈와브가 독일어로 작성한 논문이었다. 독일인 위원이 다수를 점하는 선고위원회는 슈와브 쪽으로 기울었지만 프리드리히 대왕의 동생인 하인리히가 개입해, 결국 상은 두 사람이 사이좋게 나눠 가지게 되었다. 하지만 리바롤이 그 후 얻은 명성에 비해, 독일어 논문은 거의 화제에 오르지 못했다.

리바롤의 논문은 유럽의 여러 언어들에 의해 성립된 문학작품들을 광범위하게 예로 들어, 학식이 넘쳐흐르고 있었다. 리바롤은 프랑스어가 무엇 때문에 탁월한지에 대해, 그 신텍스(어순)가 훌륭하다는 점을 들었다. 주어-동사-목적어, 이 어순만이 이성의 질서를 충실히 반영하기 때문에 "여기에는 모든 인간에게 자연스러운 논리가 있다", "우리들의 언어가 지닌 칭찬할 만한 명석함, 그 영원한 토대는 여기서 유래한다"고 언급했다. 그리고 나서 온 세상의 모든 프랑스어 애호자들에게 널리 회자된 '영원한 찬사'가 적혀 있다. 그가 말하길 "명석하지 않은 것은 프랑스어가 아니다"라는 것이다. 하지만 바로 그에 이어지는 언어 유희적인 한 문구의 재담이 인용되는 경우는 없다. 이른바 "명석하지 않은 것으로 말하자면 영어, 이탈리아어, 그리스어 혹은 라틴어다"라는 문구다. 프랑스어를 아는 사람을 위해, 이 유쾌한 일절을 원문으로 만끽할 수 있도록 여기에 적어두고자 한다.

Ce qui n'est pas clair n'est pas français;

Ce qui n'est pas clair est encore anglais, italien, grec ou latin.

후반부가 그다지 널리 알려지지 않은 이유는 영어와 이탈리아어를 끌어내렸다가 자칫 난처해질 수 있다는 이유로 후세의 프랑스어 교사들이 그 인용을 삼갔기 때문일지도 모른다. 아울러 이왕이면 좀 더 끌어내렸어야 할 독일어에 대해서는 언급하지 않았던 이유는, 그것은 논외였기 때문이었거나, 상황이 상황인지라 독일어에 대한 언급은 뺐기 때문일 것이다. 하지만 리바롤이 여기서 그리스어와 라틴어를 뭉뚱그려 "비이성적인 언어"로 치부해버렸던 것은 이 명문장의 인용에서 가장 중요한 의의를 가진 것이다. 아무쪼록 인용할 경우 이 문장 역시 잊지 않고 덧붙여주길 바라는 심정이다.

리바롤의 고찰은 오늘날의 근대적 언어학의 눈으로 회고해보면 황당무계한 것으로 여겨질 수도 있다. 그러나 여기에는 18세기 프랑스 계몽 사상가들이 축적해온 언어관이 집대성되어 있으며, 이때 프랑스인에게 있어서의 모어 찬미의 기본 형식이 정착되었다고 할 수 있다.

프랑스 혁명과 언어

대혁명의 거의 100년 후인 1894년, 폴 라파르그는 그 해박한 지식을 구사해『혁명 전후의 프랑스어』를 저술했다. 혁명과 언어라는 테마로 작성된 연구에는, 소비에트의 러시아어를 소재로 한 세리시체프의『혁명시대의 러시아어』

(제2판, 1928년)가 있다. 후진적인 러시아에서 레닌을 포함한 혁명 인텔리들이 외국어를 얼마나 좋아했는지, 얼마나 많은 외래어를 도입했는지, 혁명가들의 이른바 언어 풍속에 대해 실로 흥미로운 사실들이 수록되어 있다. 그러나 프랑스 혁명은 사상적으로나 문학적으로나, 자신들의 언어야말로 가장 선진적인 것이라고 자부하고, 그 언어의 보편성이 주장된 무대에서 발생되었다는 특징이 있다.

1950년에 이르자, 스탈린은 거의 망각되다시피 한 폴 라파르그의 저서에 대해 언급했는데, 그것은 언어의 계급성을 부정하기 위한 문맥에서 인용되었다. 인용 방식에는 오류가 없지만, 라파르그의 논문 전체를 관통하는 기본적 모티브와는 상당한 거리가 있다.

라파르그의 논문은 단순히 혁명과 언어와의 관계를 언급하는 데 그치지 않고, '국어 순수주의Purisme'를 중시하는 아카데미주의적 전통과 언어의 순수성을 해친다고 여겨지던 하층민의 말과의 관계에 주목하고 있다. 즉 프랑스어사 측면에서 "프랑스어는 최고의 완성 단계에 도달했기 때문에 이를 고정해야 한다"라고 생각한 18세기를, 혁명 이후의 시대에 되돌아보고 재평가하고자 했던 것이다. 언어와 혁명의 문제는 사람들이 대부분 관심을 가지고 있는 테마이지만, 언어사의 소재에 충실하면서도 이를 사상사의 문제로 확장시켜 이토록 잘 다룰 수 있었던 사람은 라파르그 외에 달리 그 예를 찾을 수 없다. 그러나 그것은 마지막까지 프랑스어에만 문제가 집중되어 있었다. 프랑스의 '여러 언어들', 바꿔 말해 프랑스 안의 비프랑스어에 대해서는 단 한마디도 언급되고 있지 않다. 이 점은 혁명 후 1세기를 거친 라파르그 시대에 이르면, 프랑스어 이외의 여러 언어들이 이미 프랑스어를 말하는 사람들의 염두에서 사라져 있었다는 사실을 말해주고 있다. 하지만 그로부터 100년 전, 혁명이 한창 진행 중일 당시에는 그것이야말로 가장 큰 문제 중 하나였던 것이다.

1793년 9월 30일, 국민공회의 문부위원회에서 앙리 그레구아르Henri Grégoire가 행했던 프랑스에서의 언어 현상 보고는 그 심각성을 말해주고 있다. 즉, 당시 약 2300만 명으로 추정되던 프랑스 전인구 가운데 600만 명은 프랑스어를 전혀 이해하지 못했고, 그 외의 60만 명은 막힘없이 읽을 수 없는 레벨이었다. 그리고 이런 "국가어langue nationale을 구사할 수 없는 600만 명의 지역적 자곤jargons locaux이나 방언(파트와[patois])은 결국 소멸될 것이다"라고 덧붙이고 이다.

자곤이란 시대나 지역에 따라 그 용법이 다르지만, '형태가 무너진 품위 없는 말', '말이라고 부를 만한 가치가 없는 것', '제대로 된 말이 아닌 말'을 지칭하기 위한 멸시적인 칭

호였다. 프랑스에서는 1426년에 이미 그 용례가 있다. 19
세기가 되자 유대인의 "형태가 무너진 독일어"인 '이디시어'
를 가리킬 때 널리 이용되었던 단어였다. 이 단어의 기원
은 목에 걸린 발음이라든가 새들의 지저귐을 흉내낸 것이
라고 한다. 방언을 뜻하는 '파트와'도 마찬가지로 문화적으
로 낮게 취급된 시골의 작은 마을들에서 사용되던 말을 가
리킨다. 스피처는 16세기에서 그 용례를 찾아내고 있다. 기
원은 '자곤'과 마찬가지로 새들의 지저귐을 묘사한 것이라
고 한다. 프랑스 혁명 이전과 이후 모두 변함없이 브르타뉴
어, 바스크어, 오크어를 포함한 여러 방언들, 이런 비프랑스
어들은 전부 이런 자곤이나 파트와 등으로 계속 표현되었
다. 요컨대 이런 각지의 말은 감히 "언어"라는 명칭을 부여
할 가치가 없는 존재라는 의식이 혁명 이후에도 전혀 바뀌
지 않았던 것이다.

그레구아르의 보고서는 전인구의 4분의 1에서 3분의 1에
해당되는 '국민'이 기실은 '국어'를 사용하고 있지 않았다는
사실을 알려주고 있다. 그것은 오늘날에도 여전하다. 시산
에 의하면 5000만 명의 프랑스 국민 중, 프랑스어를 모어로
하는 사람은 71%, 오크어는 21%, 이어 브르타뉴어, 알자스
·독일어 등을 포함해 8% 라는 숫자가 존재한다. 따라서 대
혁명 시기의 모어 비율과 그다지 크게 변하지 않았다. 아울

러 이 그레구아르라는 인물은 혁명 당시 사제였는데 성직
자로는 처음으로 시민 선서를 했기 때문에, 훗날 왕정복고
시대에 비판을 받아, 임종 시 종부성사의 기회조차 얻지 못
했다고, 카를 카우츠키Karl Kautsky(독일의 마르크스주의 이론가이
자 경제학자-역주)는 라파르그의 독일어 번역에 대한 주석에서
언급하고 있다.

언어를 혁명하다

그레구아르의 보고를 받아들여 10월 17일, 공화국의 모
든 아이들은 프랑스어를 말하고 읽고 써야 한다는 결정이
내려졌다. 프랑스어만이 혁명에 어울리는 언어였으며 프
랑스어 이외의 자곤이나 파트와를 사용하는 것 자체가 반
혁명적인 행동이자 반역의 표명이다. 정부는 그렇게 간주
했던 것이다. 여기에 그 마음을 격한 어조로 표명한 유명한
연설이 있다. 1794년 1월 27일, 발레르에 의해 행해진 연설
이었다.

우리들은 정부와 풍속, 사상 모두를 혁명révolutionner했
다. 이제 나아가 언어도 혁명하자. 연방주의와 미신은 저
지브르타뉴어를 사용한다. 망명자와 공화국에 대한 증오

는 독일어를 사용한다. 반혁명은 이탈리아어를 사용한다.
광신자는 바스크어를 사용한다……

"언어를 혁명하다"라는 의미는 프랑스 국민 모두가 프랑스어라는 통일된 단일어를 사용하게 되는 것을 말한다. 이 전제에는 언어의 평등이라는 사고방식이 존재한다.

모든 국민은 공화국의 법 앞에서 평등해야 한다. 법을 평등하게 누리는 것은 만인이 하나의 말을 가질 때 비로소 보장된다. 즉 "자유로운 국민들에게 언어는 하나이며, 만인에 대해 똑같아야 한다"라는 것이 "언어의 혁명"이 의미하는 바였던 것이다.

언어의 표준화와 단일화의 과제는, 국민공회가 하필이면 "언어의 혁명"이라는 이름을 붙였지만, 이미 살펴본 것처럼 '빌레 코트레 칙령' 이후 프랑스는 일관되게 이 길을 걸어왔다.

그러나 혁명은 피치 못하게 천민의 말도 항간에 넘치게 만드는 결과를 초래했다. 공화력 6년(1797~98)에 간행된 제5판 아카데미 사전은 이런 종류의 하층민의 어휘 336어를 권말에 덧붙였다. 이 점은 '순화주의자들'로 하여금 격한 분노를 분출시켰다. 특히 가브리엘 페델이라는 남자는 "프랑스어의 섬세함과는 전혀 무관한 이발사, 젖 짜는 여자, 삯바느

질 하는 여자, 매춘부, 돼지 키우는 자, 빨래하는 여자 등 미천한 사람들의 말에 의해 사전이 더럽혀졌다"라고 분개했다.

순수하고 아름다운 프랑스어라는 개념 앞에서 혁명적인 볼테르조차 전혀 사리분별을 하지 못했다. "다른 중요한 습관과 마찬가지로, 언어에 관련된 사항에서도, 천민이 국민 중 가장 고귀하고 훌륭한 자들을 움직이고 있다"라고 한탄했다. 『철학사전』의 'goût(취미, 기호)'라는 항목에 "좋은 취미는 몇몇 탁월한 인물이 대중으로부터 멀리해 소중히 지키는 것"이라고 썼던 볼테르였다. 오히려 신기할 것도 없을 지경이다. 라파르그는 18세기의 계몽주의자의 언어에 대한 이런 사고방식을 전체적으로 다음과 같이 총괄하고 있다.

앞으로 다가올 혁명을 대비해 역사적 사명을 짊어진 사람들이 어째서 귀족들의 언어의 관용과 규칙에 이토록 큰 경의를 표했던 것일까.

백과사전파는 인민을 위해 쓰지 않았다. 귀족의 특권을 근절시키고자 희망하면서도 그 풍속을 흉내 내려고 했던, 교양과 지성을 갖춘 부르주아 무리들을 위해 썼던 것이다.

혁명은 절대왕정이 구축한 프랑스어의 전제와 "아카데미 적 언어검열" 제도(라파르그)라는 유산을 고스란히 계승했다.

국어란 육군과 해군을 갖춘 방언이다

——막스 바인라이히

제5장
모어에서 국가어로

국가의 말

1539년의 빌레 코트레 칙령에서 "어머니의 말"이라고 칭해진 프랑스어는, 프랑스 혁명에 의해 새롭게 "국가의 말 langue nationale"이 되었다. 언어사라는 측면에서 프랑스 혁명의 성격을 규정한다면, 그것은 "모어"를 최종적으로 "국가어"로 격상시킨 사건으로 파악할 수 있다. 하지만 그것은 배후에 있는 법적 규정을 연상시키는 딱딱한 표현이며, 프랑스인이 프랑스어를 화제로 삼을 때 그들은 보통 "우리들의 말notre langue"이라고 불렀다.

국가와 언어의 관계를 이처럼 명확한 언어표현으로 고정시킨 프랑스어의 모델은, 이어 대두된 다양한 국민국가에서도 활용되었다. 독일어권에서는 프랑스어를 모범삼아 Nationalsprache라고 불렀으며, 그 외에 프로이센 국가가 1876년에 Staatssprache라는 표현을 법률용어로 정착시켰다.

일본어에서는 프랑스어나 독일어에 해당되는 표현으로 "국어"와 "국가어"가 있다. 국어에 비해 익숙치 않은 "국가어"에 대해 조금 설명해두자면, Staatssprache라는 독일어를 말 그대로 번역한 용어다. 일본어에서는 국어학자인 호시나 고이치保科孝一가 1933년, 「국가어의 문제에 대해国家語の問題について」라는 논문에서 사용한 예가 최초일 것이다.

호시나는 '오스트리아-헝가리 제국(1867년부터 1918년까지 존속했던 합스부르크 왕가의 국가-역주)'의 언어법에 대해 다수의 문헌들을 수집해 연구한 국어학자였다.

한편 "국어"라는 표현에 대한 이야기로 화제를 돌려보자. "국어"라는 표현은 완전히 일상화되었기 때문에 '말'에 대해 이야기를 할 때 "국어"라는 단어의 사용을 피하면 아무 말도 할 수 없을 정도다. 예를 들어 '당신은 몇 개 국어를 아십니까?'라는 식으로 묻는다. 국가가 없는 언어, 예를 들어 에스키모어일 경우라도 이런 식의 표현 속에서라면 국어라고 말하지 않을 수 없다.

혹은 일본어 이외의 언어를 부를 때도 외국어라는 표현 이외에 다른 표현을 발견할 수 없다. 예를 들어 바스크어는 바스크어 국가가 존재하지 않음에도 불구하고 외국어라고 부르지 않을 수 없다. 심지어 일본 안에 있는 이민족인 아이누의 언어도 외국어라고 부를 수밖에 없다. 일본어에는 이 이외에 적절한 표현수단이 없기 때문이다.

"국어"는 학교 교과목명뿐만 아니라 우리들의 일상어 표현 속에 이토록 깊이 침투해 있다. 때문에 "국어"라는 표현은 마치 일본어의 탄생과 함께 이미 이 세상에 존재했던 것처럼, 제법 연륜이 느껴지는 단어다. 오히려 "일본어"라고 바꿔 말하는 편이 보다 모던하고 참신한 느낌이 들 정도다.

하지만 시대를 거슬러 올라가 과거의 용례를 더듬어 가다 보면 메이지시대 초기에는 "일본어"라는 표현이 오히려 평범하고 "국어"는 그 시대의 신조어였다는 사실을 발견할 수 있다.

"국어"라는 말의 성립

야나기다 구니오柳田国男(메이지시대의 민속학자-역주)가 쓴 글에 다음과 같은 지적이 있다. "국어라는 단어는 그 자체로 새로운 한어漢語다. 이에 해당되는 단어는 기존 일본어에는 없었다고 여겨진다"(1936년). 당시의 지식인들에게 "국어"는 새롭게 만들어진 한어라는 어감이 유지되고 있었음을 엿볼 수 있다.

야나기다 구니오가 "국어"에 대해 그 구체적인 탄생 일자를 거론하지 않고 새로운 한어라는 언급에서 그친 데는 이유가 있었을 것이다. "국어"는 어느 정도까지 폭넓은 시간적 과정을 거쳐 서서히 형성된 시대적 산물이기 때문이다.

그런 만큼 극히 일반적인 글에서 "국어"라는 단어를 만든 사람의 이름을 명시하고 있는 다음과 같은 경우는 매우 드문 예라고 할 수 있다. "국어라는 술어를 처음으로 쓴" 사람은 모즈메 다카미物集高見(1847~1929)였다고 언급한 아사히신문의 예가 그러하다(1976년 9월 17일자). 이 내용은 모즈메 다카미 씨의 아드님이자, 발언 당시 나이가 무려 97세였던 모즈메 다카카즈物集高量 씨를 소개하던 기사 안에서 자연스럽게 언급되고 있었다. 아마도 아드님에게는 그 부친을 통해 해당 내용을 직접 들었을 것이므로 확실한 전승으로 전해지고 있었다고 추정된다.

그러나 참으로 애매하고 골치 아픈 경우라고 할 수 있다. 실은 제국문과대학(훗날의 도쿄제국대학) 교수, 모즈메 다카미가 활약하던 1887년(메이지 20년)경을 훨씬 거슬러 올라간 시대에도, "국어"라는, 겉으로 보기에는 동일한 표현이 이미 존재했기 때문이다. 하지만 이 단어를 선택했던 의도가 오늘날의 용법과 꼭 일치하지 않는다는 복잡한 사정이 있다. 1855년(안세이[安政] 2년) 가와모토 고민川本幸民(막부 말기의 의사 및 난학자-역주)의 『기해관란광의気海観瀾広義(일본최초의 물리학서-역주)』에서의 한 구절에도 "국어"라는 단어 표현이 보인다. "이것을 한문으로 번역하면 혹은 그 뜻을 오해할 것이다. 때문에 지금은 국어로 이것을 적는다. 최대한 이해하기 쉽게 하겠다"라는 부분이다. 상세한 사항에 대해서는 "국어"에 관해 논한 가메이 다카시亀井孝의 한편의 글("국어"란 어떤 말을 가리키는가)에 양보하기로 하겠다. 대신 여기서는 그런 예들에서 보이는 '국어'가 한문에 대립하는 개념으로서의

'국어'였다는 사실을 확인하는 선에서 그치도록 하겠다.

"국어"의 비교적 이른 시기의 용례는 마에지마 히소카前島密(일본의 근대 우편제도를 창설한 관료-역주)가 도쿠가와 요시노부德川慶喜(에도 막부의 마지막 쇼군-역주)에게 한자 폐지를 간언했던 1867년(게이오[慶応] 3년)의 문서 안에 나타난다. 하지만 이 문서에서는 "일본어"를 가리키기 위해 "우리나라 말本邦語"이나 "나랏말씀御国語"이란 표현도 사용되고 있다. 메이지시대 초기 무렵까지는 이런 용어들이 여전히 일반적이었다. 예를 들어 1875년(메이지 8년)이라는 시기를 보면, "황국의 언어"(구로카와 마요리[黒川真頼])와 나란히 "방어邦語"(간다 다카히라[神田孝平] 등)가 자주 사용되었음을 알 수 있다. 방어는 서양어와 대비되는 "일본어"를 가리키기 위한 용어였다. 서양어로 가르치는 "양어洋語대학교"에 대한 "방어邦語대학교"라는 식으로 사용된다. "방어"는 오늘날 우리들이 언어학에서 익히 부르고 있는 학문 영역에 해당되는 "박언학博言学(언어학에 대한 과거의 명칭-역주)"을 발생시켰는데, "방어의 수정문법 설정에 착수한다"라는 의도로 우수한 인재들을 "서구에 유학시킬" 필요가 있다고 제안한 가토 히로유키加藤弘之의 문서(1880년, 메이지 13년) 안에서도 안정된 용법으로 표현되고 있다. 때문에 거의 "일본어"에 해당되는 내용으로 사용되고 있었다고 짐작해볼 수 있다.

"방어"라는 표현을 대신하여 "일본어"라는 단어가 확실히 자리를 잡기 시작한 것은 1884년(메이지 17년)부터다. 오쓰키 후미히코大槻文彦가 『언해言海(일본 최초의 근대적 사전-역주)』를 편찬할 당시 수록한 설명문 안에 보인다. 여기서 사용된 "일본어"는 메이지 20년대(1887~1896)까지 애용되었다가 결국 "일본어학"(가토 히로유키[加藤弘之])이라는 말까지 생겨난다. 아마도 훗날의 "국어학"보다는 "일본어학" 쪽이 오래되었고 정통이었을지도 모른다. 그러나 "국어"의 융성과 함께 "일본어학"도 쫓겨날 운명에 내몰렸다. "국어"는 메이지 20년대 말에는 거의 완전히 "일본어"를 대신했다.

우에다 가즈토시의 국어론

"국어"는 1885년(메이지 18년)에 나온 미야케 요네키치三宅米吉 등의 『방언조사동료의 주의서方言取調仲間の主意書』에서 "우리 일본의 국어"라는 형태로 나타났으며, 1886년(메이지 19년)에는 앞서 언급했던 모즈메 다카미의 글 안에서도 분명히 보인다. "국어"라는 단어의 발명이 모즈메 다카미 개인에 의한 것인지의 여부는 차치하고, 이 무렵 이들 그룹이 의식적으로 사용하기 시작했다는 사실은 분명하다. 마침 이 해에 나왔던 헵번Hepburn의 『일영어림집성和英語林集成』제

3판은 처음으로 "국어"를 표제어로 등록시켰으며, 이 단어에 대해 'The language of a country; national language'라는 번역을 달아두었다. 새로운 단어에 대한 헵번의 민감함에는 경탄하지 않을 수 없다. 아마도 "국어"라는 단어는 그 출현과 동시에 가장 먼저 그의 채집망에 걸려들었을 것이다.

하지만 미야케 요네키치가 '속어를 멸시하지 말 것', '지방마다 존재하는 사투리에 대해서' 등, 일본의 가나로 작성된 글 안에서 "국어"를 결코 히라가나로 쓰지 않았던 점을 보면, 당시 히라가나로 쓰는 것에 저항이 있었던 신생 한어였음에 틀림없다. 또한 헵번의 사전에까지 등장한 단어였음에도 불구하고, 그 후 한동안 족히 사용해도 좋을 법한 장면에서 쓰이지 않고, "일본의 나랏말씀国言葉", "지나支那의 나랏말씀国言葉"(가토 히로유키, 1890년) 등의 표현이 계속 사용되고 있었다는 사실에도 주의를 기울이고 싶다.

그러나 함께 경합하던 "방어", "일본어", "나랏말씀" 등의 말들에 대해 "국어"라는 표현으로 최종 결판을 낸 사람은 우에다 가즈토시上田万年였다고 생각된다. 1894년(메이지 27년), 유럽에서의 유학을 마치고 귀국한 지 얼마 되지 않았던 우에다 가즈토시는 일본에 돌아오자마자 "국어와 국가"라는 상징적인 제목의 강연을 했다. 그야말로 언어 내셔널리

즘의 한가운데 있던 독일에서의 경험을 그대로 일본에 가지고 들어온 우에다 가즈토시는, 귀국 즉시 그것을 이식하는 역할을 맡았던 것이다.

마치 피가 육체적으로 동포임을 증명해주는 것처럼, 언어는 이것을 말하는 인민에게 정신적인 동포임을 드러낸다. 이것을 '일본 국어'에 비유해서 말하자면, 일본어는 일본인의 정신적인 혈액이라고 표현해야 할 것이다. 일본의 국체는 이 정신적인 혈액으로 주로 유지되며……이 목소리가 울리는 한, 사천만 동포는 언제든지 귀를 기울인다고 한다. 치시마千島 끝에서도 오키나와의 끝에서도 일제히 천황의 성대가 만대까지 이어지길 경축드린다고 한다. ……

"육체적인 동포", "정신적인 동포", "정신적인 혈액" 등의 단어가 산재하는 이 일절을 그대로 독일어로 번역해보면, 당시 독일인이 쓴 어떤 글에 집어넣어도 이상하지 않을 정도로 가히 독일스럽다. 혹은 다음과 같은 에른스트 모리츠 아른트Ernst Moritz Arndt의 시 한편이 문득 머리에 떠오른다. "독일의 조국이란 무엇인가? '독일의 말이 울려 퍼지는 한', 신이 하늘에서 노래하는 한, 이 나라를 이렇게 부르리라."

　나아가 우에다가 이식한 "국어"라는 표현은, 단순히 "나라의 말"에 대한 한어적 변경이라고 안이하게 생각하기보다는, "국가"와 "국체"를 염두에 둔, 보다 근대적이고 정치학적인 배려를 거친 조어라고 생각해야 한다. 즉 우에다는 "일본어"를 의식한 후, 이 "일본"을 "일본국"으로 바꾸고, 거기에 "어"를 덧붙인 "일본국어"에서 다시금 "국어"를 끄집어낸 것으로 추정된다. 우에다가 아마도 감동을 가득 담아, 그러나 교조적으로, 독일식을 흉내내 만들어낸 것으로 추정된다는 사실은, 다음에 나온 일절을 읽으면 충분히 짐작할 수 있다.

　　이렇듯 그 언어는 단순히 국체의 표식이 되는 것만이 아니라, 동시에 일종의 교육자, 이른바 한없이 자애로운 어머니이기도 하다. ……독일에서는 이것을 mutter-sprache, 혹은 sprache mutter라고 한다. 앞에 나온 것은 '어머니의 말', 뒤에 나온 말은 '말의 어머니'라는 뜻이다. 실로 잘 표현했다고 할 수 있을 것이다.

　하지만 여기서 우에다가 말하는 '어머니'란 '국체'를 말한다. 분명 정치적 국경을 뛰어넘어 존재하는 독일의 언어관은 너무도 간단히, 그리고 비참할 정도로 빈약한 일본식 표현으로 바꿔치기 당해버렸다.

중앙집권으로의 길

"국어"의 탄생은 근대 일본국가의 탄생과 불가분의 관계 속에 발생한 사건이다. 동시에 일본어의 기능이라는 측면에서 생겨난 커다란 변화를 보여준다. 즉 "국어"는 역사적인 키워드 중 하나로 다뤄져야 한다.

그러나 다름 아닌 "국어" 사전이 이 단어에 보여준 관심은 거의 없다고 해도 좋을 정도다. 우리들은 국어사전으로부터 거의 아무것도 배울 수 없다. 전문적인 "국어학사전"의 "국어" 항목(긴다이치 하루히코[金田一春彦] 집필)조차 이 단어가 태어난 배경에 대한 설명이 전무하다. 거기에는 '국어'와 함께 "국가어"의 용례가 있다는 사실에 대해서 언급하고 있는 만큼, 그 두 단어의 관계를 언급했다면 용어가 생긴 배경에 대한 이야기가 나오지 않을 수 없었을 것이다.

한편 우리들이 꼭 알아두어야 할 점이 있다. "국어"는 결코 일상적으로 사용된 말이 아니라, 메이지시대 초기 서양 사정을 두루 살핀 후, 숙려 끝에 만들어진 문화정책상의 개념이었다는 사실이다.

"국어"는 그와 각축을 벌이던 후보자를 배제하고 정착되어간 용어다. 지금은 자취를 감춰버린 흥미로운 예를 두 가지 들어보고 싶다. 하나는 일본어나 아이누어 연구의 선구적 존재 중 한 사람이었던 영국인 체임벌린Basil Hall Chamberlain(도쿄제국대학 문학부에 재직했던 영국인 일본 연구자-역주)의 "황국어", 또한 그것과 쌍을 이루는 "황국학"(1887년[메이지 20년] 간행 「일본소문전[日本小文典]」)이다. 나머지 하나는 1906년(메이지 39년)의 후타바테이 시메이二葉亭四迷의 "국민어"다. 후타바테이가 쓴 용어는 아마도 러시아의 나로드니키(19세기 말 러시아에서 활동한 사회운동가의 총칭-역주)의 영향에 의한 것으로 추정된다. 체임벌린이 쓴 단어는, 예를 들어 1840년(덴포[天保] 11년)에 나온 오에 하루히라大江春平의 "황국어(나랏말씀)"의 전통을 잇고 있는 것인지, 아니면 '정부에 의해 초빙된 외국인' 입장에서 그가 일본인 이상으로 존황적이었던 것인지는 분명치 않다.

일본어로서의 "국어"의 성립은 이처럼 새로운 사건이었으며, 심지어 그 배후에 프랑스어 'langue nationale'의 영향도 고려해볼 수 있다. 유럽으로부터의 광범위한 영향, 특히 프랑스어와 관련된 중앙집권적 국가어 통제 기관이나 장치의 효율성은 일본의 언어 교육, 언어 정책 관료에게 깊은 인상을 주었다. 아카데미주의에 대한 선망과 숭배, 국어애의 선양, 체벌 표찰 제도에 의한 방언박멸정책, 이런 모든 것들을 일본의 언어 엘리트들은 모조리 프랑스어의 경험을 통해 배우고 이용하게 되었다.

우에다 가즈토시는 앞서 인용한 강연에서 "프랑스가 그 아카데미에서 어학의 보호 장려에 더욱더 노력하는 것처럼, 우리들은 이를 볼 때마다 우선 각국의 국민들이 그 학문을 얼마나 깊이 사랑하는지 놀랐다"라고 언급하는 것을 잊지 않았다. 프랑스적이고 아카데미주의적 언어검열기관에 대한 찬미라고 할 수 있다. 그러나 그와 함께 다른 한편으로는 다음과 같은 발언도 하고 있는 것이다. 다음 발언에 보이는 독일적인 모어의 권리에 대한 공감과의 혼재는, 우에다의 "국어"론에 기묘한 절충적 성격을 각인시키고 있다.

자기 언어를 논할 때 그 선악에 대해 말하는 것은, 자기의 부모를 평할 때 선악의 잣대를 들이대는 것이며, 자기의 고향을 말하는 데 선악이라는 요소를 끌고 오는 것이나 마찬가지다. 이치를 따지고 들면 어쩌면 그럴 수밖에 없을지도 모르지만, 그럼에도 불구하고 이런 것은 진정한 사랑이 아니다. 진정한 사랑에는 선택의 자유가 없기 때문이다.

나중에 다시 살펴볼 내용이지만, 언어 아카데미를 만들지 않는 것 자체가 독일의 언어적 자유의 자부심이 되고 있으며, 그 기저에는 바로 이런 "선택의 자유가 없는 모어와 고향에 대한 권리Sprachrecht und Heimatrecht"라는 인식이 있다. 그러나 국어 정책의 실제적인 측면에서는 이 측면이 완전히 제거되어버렸고, 오로지 중앙집권으로의 길을 걸었다. 이는 다음에서 다룰 체벌 표찰 제도의 채용을 살펴봄으로써 한층 분명해진다.

체벌 표찰제도

프랑스가 선구적으로 확립한 후 세계로 퍼져나간, 언어의 중앙집권화에 동반된 소수언어 탄압시스템은, 일본의 방언박멸교육의 구체적인 장에서도 사소한 사항까지 고스란히 도입된 것으로 여겨지는 측면이 있다.

어쩌면 일본의 다른 지역에서도 이와 유사한 수단이 사용되었을지도 모르지만, 류큐(오키나와)의 경우 종종 격한 감정을 담아 상기되는 경우가 많다. 그것은 류큐 출신자가 이야기해주는 그 유명한 체벌 표찰에 대한 이야기다. 요약하면 이러하다. "가로 한 치, 세로 두 치의 나무 표찰"을 준비해 혹시라도 방언을 입에 담은 학생이 있으면 즉시 그 표찰을 목에 건다. 표찰이 목에 걸린 학생은 친구들 중에 누구라도 동일한 잘못을 저지른 학생이 나오기를 기다렸다가 그 범인을 붙잡아야만 비로소 자신의 몸에서 그 친구의 목으로 표찰을 넘기고 본인은 벌에서 벗어날 수 있었다. 심지어 이것은 언뜻 보기에 게임처럼 보이지만, 종국에 가서는 체벌 표찰을 목에 걸었던 횟수가 그대로 성적에 반영된다는 시스템이었다.

굴욕의 징표이기도 한 나무 표찰은 "체벌 표찰"이라는 이름으로 불렸다. 류큐 출신자로 훗날 『나하방언개설那覇方言概説』을 저술한 긴조 조에이金城朝永는 일부러 계속 위반을 해서 체벌 표찰을 모았고 이로 인해 낙제했다고 한다. 이런 추억담을 세상을 떠나기 전 자주 입에 담았다는 것이다. 체벌 표찰은 한 교실에 몇 개나 있었던 것으로 보인다.

류큐의 교육사를 살펴보면 체벌 표찰이 교실에 등장한 것은 1907년(메이지 40년) 2월의 일이라고 한다. 당시에는 "방언 표찰"이라고 일컬어지고 있었다. 이 제도가 한층 강화된 것은 그로부터 10년 후인 1917년(다이쇼 6년) 이후다. 오키나와 현립중학교에 부임한 야마구치 사와노스케山口沢之助 교장은 "방언 단속령"을 발표하고 이 체벌 표찰을 적극 활용했다. 이로부터 상당한 시간이 흘러 태평양 전쟁 전야였던 1940년(쇼와 15년), 나하를 방문한 일본민예협회 일행이 "방언 표찰"을 사용한 방언 단속을 비판했다는 기록이 보인다. 따라서 체벌 표찰, 방언 표찰은 류큐에 의무교육이 보급되기 시작하자마자 도입되었다가, 아마도 패전에 이를 때까지 반세기 동안 지속된 것으로 보인다.

방언 표찰이라든가 체벌 표찰이라고 일컬어지는 것의 기원에 대해서는 "어떤 이의 발상인지 명확하지는 않지만", "종래까지 있던 자연발생적인 흑찰黑札 제도를 원용한 것으로 간주된다"라고만 거론되고 있을 뿐, 상세한 내용까지는 알 수 없다(가미누마 하치로[上沼八郎] 『오키나와의 「방언 논쟁」에 대해서』). 그렇다면 도대체 "자연발생적인 흑찰"이란 무엇일까. 야나기다 구니오는 흑찰에 대해 다음과 같이 언급하고 있다.

섬에는 옛날부터 흑찰이라는 방식이 있었다. 그 다음 위반자를 적발한 공에 의해 자신의 책임이 해제된다는 방식이다. 금지를 유도하려고 그런 방식을 이용했다니, 참으로 딱하고 한심한 노릇이다. 여학교 같은 곳에서는 수다를 떠는 사람이 완전히 없어져 버렸다. 뭔가를 말하려고 하면 자연스럽게 위법이 되기 때문이다. (1939년)

일찍이 프리츠 마우트너는 "학교란 회초리를 가지고 방

언을 색출해내는 장소다"라고 언급했다. 여기서는 한술 더 떠서 "학교는 모든 방언을 쓰는 자를 범죄자로 만들고 밀고자를 길러내는 장소다"라고 바꿔 말해야 할 것이다. 이 제도는 새로운 위범자를 찾아내야만 자신이 죄에서 벗어난다는 점에 그 방법의 특색이 있기 때문이다.

이토록 지독하고 무자비하며 교묘하기 그지없는 밀고제도, 상호감시 제도가 도대체 어찌하여 '자연발생적'으로 생겨날 수 있단 말인가. 오랜 세월 동안 내가 품어왔던 의문이었다. 일본인은 원래 이런 종류의 인간관리에 관해, 굳이 말하자면 착상이 빈곤한 편이라고 생각했기 때문이다. 오히려 이 방면으로 우수한 기술은, 대체로 외국에서 물을 건너 들어온 것일지도 모른다고 생각했다. 그런데 최근 옥시탄에서 오크어 회복운동을 벌이고 있는 사람들이 비슷한 경험을 했다는 사실을 언급한 대목을 찾아냈다. 이것은 어떤 오크어 출신자의 회상이다.

우연히 자기도 모르게 오크어 단어를 입에 담게 되면, 그 죄인은 그의 'vergonha(부끄러움)'을 다른 사람의 눈에 띄게 했다는 이유로 'senhal'을 목에 걸게 된다. 그것은 목주처럼 원형으로 되어져 목에 걸게 되어 있었다. 죄인은 누군가 급우 중에 오크어를 입에 담는 친구가 있으면 그

친구에게 그 목걸이를 대신 걸어주고자 귀를 쫑긋 세우고 있다. 이것은 전체주의국가라든가 악몽 같은 미래 환상에 항상 나오는, 내부고발에 의한 완벽한 제도다. (장『알자스, 유럽 내의 식민지』)

브르타뉴어 회복운동사를 연구하는 젊은 연구자인 하라 기요시原聖에 의하면, 체벌 표찰은 프랑스의 다른 지역, 즉 브르타뉴, 카탈로니아에서도 행해졌다고 한다. 장소에 따라서는 1960년대에 들어와서도 행해지고 있었으며, 프랑스 이외에도 프로이센 지배 하의 폴란드, 그리고 플라망어 지역이나 웨일즈에서도 19세기 중엽부터 후반에 걸쳐 일반화되었다고 한다. 체벌 표찰의 이용은, 실은 좀 더 과거로까지 거슬러 올라간다. 하지만 거기에서는 반대로, 프랑스어를 사용한 자의 목에 걸어 라틴어 교육의 효율을 도모한, 예수회가 고안해낸 방법이었다는 것이다. 바야흐로 라틴어의 지위에 오른 속어가 이 제도를 이용하게 되었던 것이다.

체벌 표찰 방법은 자연발생적인 것도 아니었으며 일본만의 독자적인 제도도 아니었다. 오히려 방언박멸 정책에 관한 한 훨씬 선진적, 조직적, 계산적이었던 프랑스, 혹은 기타 유럽 여러 나라를 통해 습득되었을 가능성이 높다.

『마지막 수업』의 무대

'국어애'라는 호소 역시 프랑스에서 배운 바가 많았다. 도데의 이 작품이 국어애의 감정을 이끌어내기 위해 일본에서 얼마나 잘 이용되었고, 그 맡은 바 역할이 지대했는지는 이루 헤아릴 수 없다고 표현해도 좋을 정도다. 말에 대한 일본인의 경험을 뛰어넘은, 드물게 발견할 수 있는 극적 장면을 다루고 있기 때문이기도 했다. 『마지막 수업』이 어떻게 받아들여지고 있는지를 보여주는 비교적 새로운 견본은, 앞서 인용했던 것처럼 "모국어를 빼앗길 지경에 이른 사람들의 슬픔과 죽어도 그것을 빼앗기지 않겠노라고 결의하며 자신들의 언어에 애착을 느끼는 사람들을 더할 나위 없이 잘 묘사하고 있다"라는 평가다.

도데는 알자스를 무대로 한 작은 이야기를, 프랑스가 프로이센에게 패했던 1871년에서부터 1873년까지, 매주 월요일 파리의 신문에 연재했다. 여기에는 프랑스가 잃어버린 알자스의 풍광에 대한 억누를 수 없는 애착심이 잘 드러나 있다. 연재가 끝나자 그것들은 즉시 『월요이야기』라는 한편의 단편집으로 간행되었다. 『마지막 수업』은 그 첫머리를 장식하는 단편이다.

일본 최초의 본격적인 번역은 이와나미문고에서 1936년(쇼와 11년)에 나왔다. 그 후 1939년(쇼와 14년)에는 『마지막 수업』을 제목으로 한 단행본이 모습을 드러냈다(후잔보[冨山房]). 이와나미문고의 번역자 사쿠라다 다스쿠桜田佐 씨는 이 "해설" 안에서 "어린 마음에 비쳐진 패전국의 비애와 애국의 열정을 묘사한 명작으로, 일찍부터 일본의 어린이를 대상으로 한 서적으로 소개되었다"라고 언급하고 있다. 이런 부분을 통해 유추해보면 국어애를 가르치기 위한 이 표본적 작품은, 단순히 교과서 수록 작품으로서만이 아니라 일반적인 읽을거리로 광범위하게 활용되었던 것으로 보인다(본장 마지막 "덧붙임" 참조).

프랑스의 패전과 함께 알자스·로렌에서는 프랑스어 수업이 금지되었고 프랑스어 교사 아멜 선생님은 직장을 잃고 알자스를 떠나야 했다. 선생님은 "프랑스어는 세상에서 가장 아름답고 가장 분명하고 가장 굳센 말이다" 등등의 이야기를 한 후, 마지막에 "프랑스 만세!"라고 칠판에 쓰고 교실을 떠났다. 그 단편은 "알자스의 한 소년의 이야기"라는 부제가 달린 이야기로 프란츠라는 소년의 눈을 통해 바라본 광경이라는 형식을 취하고 있다.

이 단편의 성격을 이해하기 위해서는, 우선 무대가 된 알자스가 어떤 곳이었는지, 그 언어사적 배경을 알아둘 필요가 있다.

알자스의 역사에 의하면, 유럽 대부분의 땅이 그런 것처

	프랑스	방언	독일
1931	50.2	86.1	82.4
1936	57.3	86.6	82.7
1946	65.2	90.7	84.8
1962	78.8	87.5	63.6

저지알자스(100명당 사용된 말)

(A. Verdoodt, Zweisprachige Nachbarn 1968, Wien-Stuttgart 발췌)

럼, 여기도 태곳적부터 켈트계 원주민의 땅이었다. 로마의 지배하에 들어간 이후, 게르만계 알레만인과 프랑크인이 연이어 침입해 정착했다. 그 이후 알자스 북부에서는 오늘날까지도 독일어의 프랑크 방언, 남부는 스위스-독일어에 가까운 알레만 방언이 사용되고 있다.

14세기에는 합스부르크 가문 영지에 속했으나, 30년 전쟁이 끝나고 베스트팔렌 조약이 체결되자 프랑스 지배로 넘어갔다. 대혁명과 나폴레옹 시대를 거쳐 그 지배는 더더욱 강화되었다. 그리고 바로 이 1871년을 맞이하게 된 것이다. 그리고 1919년, 프랑스는 베르사유조약에 의해 다시금 독일에게 이 지방을 빼앗는다. 제2차 세계대전으로 알자스는 또 다시 독일 지배로 넘어가지만 독일의 패배와 함께 프랑스 소유로 되돌아와 현재에 이르고 있다.

연거푸 뒤바뀌어지는 그 정치적 귀속은 차치하더라도, 알자스는 의심할 여지없는 독일어 지대이며, 1910년 단계에서는 해당 지역 주민의 그야말로 94.6%가 독일어를 사용하고 있었다. 베르사유 조약 이후의 언어적 추이는 앞의 표에서 보이는 대로다. 이 표는 한 사람의 인간이 프랑스어와 알자스·독일어와 표준 독일어 중 세 가지 모두 말할 수 있는 경우가 많다는 사실을 보여주고 있는데, 1962년 단계에도 여전히 프랑스어보다는 토착어, 즉 대략적으로 말해 독일어를 사용하는 사람 쪽이 많다.

알자스는 "유럽 안의 식민지"라고 일컬어지고 있을 정도로 국가중앙권력에 의한 모어 억압이 가장 격렬한 곳이었다. 1921년에는 프랑스어가 유일한 학교교육 언어로 간주되고 있었는데, 그럼에도 불구하고 당시에는 초등학교 3학년부터 주 3시간의 독일어 수업이 여전히 진행되었다. 하지만 1927년의 푸앵카레 피스트 정령政令에 의해 프랑스어 수업이 더더욱 강화되었다.

제2차 세계대전 이후 평화의 도래와 함께, 프랑스에서의 비프랑스어 소수민족에 대한 억압은 세계적으로 악명이 자자한, 도저히 감출 수 없는 사실로 널리 알려지게 되었다. 그에 대응하는 형태로 개혁은 서서히 진행되어, 1951년에는 덱손Deixonne법의 발포에 의해 4가지 "지방언어" 교육이 인정되었다. 즉 브르타뉴, 바스크, 카탈로니아, 옥시탄이다. 이런 말들은 프랑스의 지방언어로 인정되었지만, 코르시카,

플라망, 알자스·로렌의 언어는 이 법령에서 제외되었다. 왜냐하면 코르시카어는 이탈리아의, 플라망어는 벨기에 내지는 네덜란드의, 알자스·로렌의 언어는 독일어의 각각 방언이었기 때문에 이른바 '외국어'로 간주된 탓이었다.

알자스인의 모어와 국가어

알자스 토착인의 말, 즉 알자스·독일어는 분명 독일어 방언이다. 하지만 도데는 "독일인들이 이런 말을 하면 어찌할 테냐. 너희들은 프랑스인이라고 우기고 있지만, 너희의 말을 말할 수도 쓸 수도 없지 않느냐"라는 식으로 아멜 선생님으로 하여금 학생들에게 이야기하고 있다. 만약 정말로 자신의 모어라면, 쓰는 것까지는 몰라도 적어도 '말할 수 없다'는 것은 도저히 있을 수 없는 일이다. 때문에 이 일절은 이 아이들의 모어가 프랑스어가 아님을 분명히 하고 있다. 아멜 선생님은 본토박이들의 말을 아름다운 프랑스어로 바꿔주기 위한 사람이었던 것이다. 그렇다면 "어떤 민족이 노예로 전락해도 그 언어를 간직하고만 있으면 감옥의 열쇠를 쥐고 있는 것이나 마찬가지"라는 아멜 선생님의 설교는 자신들, 즉 프랑스인에게 할 말이었지, 지금 자신들로부터 해방되려고 하는 노예에게 해서는 적당치 않은 발언이다.

이 단편의 부제인 "알자스의 한 소년의 이야기"라는 번역 역시 매우 혼란스럽게 만들고 있다. 이것은 원문대로 "작은 알자스인un petit Alsacien" 혹은 "알자스인 소년"이라고 해야 한다. 도데는 이 소년에게 단순히 알자스라는 토지에서 지내는 소년이 아니라, 알자스인이라는, 그 특유의 입장을 확실히 명시하고 있는 것이다. "알자스의"라는 지방적인 한정만으로는 나타낼 수 없는 내용이, 이 대문자의 알자스인 안에 포함되어 있다.

알자스인 특유의 입장을 나타나기 위해, 도데는 등장인물의 이름에도 각별히 신경을 쓰고 있다. 프란츠Frantz 소년, 아멜Hamel 선생님, 삼각 모자를 쓴 오제Hauser 노인, 이라는 식이다. 이런 이름들은 하나같이 알자스풍, 즉 독일풍의 느낌을 준다. 그것은 마치 식민지 문학이 식민지라는 양념을 버무리지 않으면 재미도 반감된다는 것이나 마찬가지다. 그런 알자스의 풍광과 향기를 강조하기 위한 세세한 아이디어 모두가, 실은 그곳이 비프랑스어 세계라는 사실도 드러내고 있는 것이다. 심지어 일본어번역에서 오제라고 묘사되고 있는 노인은 알자스에서라면 어쩌면 아우젤이라고 발음되었을지도 모른다. 더 깊이 들어가 생각해보면, 여기에는 "조선인 이름을 일본어로 읽는 것"과 동일한 문제가 내포되어 있다는 사실도 알아차릴 수 있을 것이다.

기묘한 점은 『마지막 수업』은 그야말로 일본의 아시아 침략이 한창일 때 "국어애"의 고양을 위해 더할 나위 없이 좋은 교재로 활용되었다는 사실이다. 바로 그 국어애의 선양자 당사자들은, 예를 들어 조선인의 "국어애"에 대해서는 꿈에도 생각지 못했던 것이다. 하지만 이 기묘함은 언어적 배경인 알자스에 조선을, 프랑스에 일본을 대입시켜보면 단박에 사라져 버린다. 일본의 아멜 선생님 입장에서 조선인은 황민이었기 때문이다. 이처럼 거듭거듭 생각해가다 보면 『마지막 수업』은 모국어 사랑이 어떤 성질의 것이었는지, 그야말로 생생하게 그 모습을 드러낸다고 할 수 있을 것이다.

배경에 대해 곰곰이 생각해보면 『마지막 수업』은 언어적 지배의 독선을 폭로시킨, 문학 따위와는 무관한, 식민지 지배자의 정치적 선동을 담아낸 소설 중 하나에 지나지 않는다.

알자스에서는 현재 모어 교육이 의무교육과정의 마지막 2년간만, 주 2시간까지 인정되고 있다고 한다. 하지만 거기에는 "양친이 문서로 신청한 경우로 한정한다"라는 조건이 달려 있다. 일종의 사상 조사에 가까운 이런 장애가 존재함에도 불구하고, 각지에서 약 70%가 신청을 한다고 전해진다.

그 이후 알자스에 언어 해방운동이 어떤 진전을 보였는

지는, 사회언어학적인 관심 때문에라도 추적해보고 싶을 정도로 흥미롭다. 알자스의 학교는 현재 무수한 아멜 선생님에 의해 지배당하고 있다. 그곳에서 모어에 의한 교육을 원한다면, 그 모어를 결코 독일어라고 불러서는 안 된다. 그렇게 부르는 것은 운동 그 자체를 궁지에 내몰아 버리기 때문이다.

　알자스인은 외국어가 아니라 알자스 토착의 고유 언어를 사용한다는 해석만이 바야흐로 그 운동의 존속을 가능케 해준다. '알자스어'는 프랑스어와 상이할 뿐만 아니라 독일어와는 분명히 구별되는 고유한 언어, 즉 엄밀한 의미에서의 모어여야 한다. 이 문제의 성질은 룩셈부르크어나 나중에 살펴볼 고유한 '스위스어'의 주장과도 비교해 생각해보면 좀 더 확실해질 것이다.

〔덧붙임〕

　도미타 히토시冨田仁, 후카와 겐이치로府川源一郎 등의 연구에 의해 이 부분은 다음과 같이 보정해야 한다. 『마지막 수업』의 일본에서의 번역은 영어로부터의 중역이었지만 이미 1902년(메이지 35년)으로 거슬러 올라간다. 오자키 고요尾崎紅葉 외 1인 공역「소년의 마음をさな心」라는 제목으로 잡지『신소설新小説』3월호에 발표되었다.

독일의 저조함의 진정한 이유는 라틴어로 학문을 탐구하며 정작 자신들의 땅에서 수확한 과실을 업신여긴 남자들이 우리를 교육해왔다는 사실에 존재한다.

——유스투스 메이저

제6장
국어애와 외래어

모어를 뒷받침하는 것

속어로 작성된 문학, 속어를 위해 풀이된 문법, 속어에 특권을 부여하기 위한 법률——이런 것들이 각 언어별로 국가의 성립이라는 정치사적 과정 속에서 손에 손잡고 등장하기 시작했다. 특정 언어를 모어로 하는 민족은 국가를 원한다. 국가는 고유한 언어를 원한다. 이리하여 10세기의 유럽에서라면 겨우 여섯 가지의 문어 즉 라틴어, 그리스어, 헤브라이어, 아라비아어, 앵글로색슨어, 교회슬라브어만이 알려져 있었을 뿐이었는데, 오늘날에는 50개가 넘는 각각 고유한 문어, 즉 "문법 언어"가 성립되게 되었다.

이런 언어들 중에는 그 존속에 그 어떤 불안감도 불필요한 경우도 있지만, 대부분은 소수의 사용자층과 약한 경쟁력 때문에 쇠퇴를 두려워하고 있다. 그런 언어들이 국가어로서 유지될 수 있는지의 여부는, 그 말을 하는 사람들의 '모어에 대한 충성도'에 오로지 달려 있다. 장기적인 언어탄압에도 불구하고 끈질기게 유지되는 언어가 있는가 하면, 아무리 손을 써도 쇠퇴를 더 이상 막을 수 없는 언어도 있다. 그런 차이를 결정하는 궁극적 요인은 말을 하는 사람이 그 언어를 사용하는 것에 대해 깊은 만족감을 품을 수 있는가의 여부에 달려 있다.

물론 "일본어는 그 말을 사용하는 인구가 세계에서 6위나

되는 거대 언어다"라고 그 수량적 우세를 역설하는 방법도 있지만, 이것은 모어를 찬미하는 형태로서는 그다지 훌륭하다고 말하기 어렵다. 양은 위신을 세워주는 요소로 결정적일 수는 없기 때문이다. 일반적으로 자신이 쓰고 있는 말을 새삼 치켜세울 필요성이 생기는 것은, 오히려 열세에 놓여 있거나, 강력한 성원을 보내 인위적으로 지원할 필요가 있을 경우에 해당된다. 때문에 사람들은 새삼 일부러 영어를 칭찬할 필요성은 느끼지 않는다. 영어가 훌륭하든 말든, 광범위한 사용자가 영어를 외면할 경우는 일단 있을 수 없기 때문이다.

제4장에서 우리들은 리바롤Rivarol이 행한 프랑스어 찬미 방식을 고찰해보았다. 그것은 명석함의 설명에 "이성의 질서에 합치된" 어순을 들고 있는 등, 언어 구조 그 자체에서 근거를 찾고 있다. 일반적으로 속어 찬미는, 단테가 그랬던 것처럼 "자연스러운 점"이 모든 경우 강조되었다. 그것은 그 어떤 설명조차 불필요한, 무수한 고전 작품을 배후에 둔 권위적인 라틴어를 상대로, 물려받은 유산 하나 없는 졸부 입장에서 속어를 위해 논할 수 있는 유일한 미질美質이었을지도 모른다. 자연스럽기 때문에 그 누구든 금방 이해할 수 있고, 따라서 명석하다는 점, 이것이야말로 조금의 과장도 없는 속어의 이점이었던 것이다.

이와 관련해 매우 흥미로운 사실은, 일본에서의 고전 용어인 한문과 속어인 일본어와의 관계다. 일본의 언어엘리트들 대부분이 일본어에는 "긴장감이 부족하고" "자칫 늘어지기 쉬운"(마루야[丸谷]) 측면이 있어서 한문적 교양에 의해 긴장감을 부여해야 한다고 생각하고 있다. 한문투의 일본어가 간결성을 우선시해서 내용을 애매하게 하고 있다는 사실은 종종 경험하는 바와 같다. 뭐니 뭐니 해도 모든 일본인들에게 내용을 알기 쉽고 확실히 전달할 수 있으려면 일본인들의 모어인 일본어만한 것이 없다. "조사"가 매우 발달되어 문장 요소 간의 관계를 명확하고 꼼꼼하게 전달할 수 있기 때문이다. 반대로 한어만큼 내용이 애매하고 부정확하며 그저 공허할 뿐인 미문에 적합한 도구도 없는 것이다.

일본문화는 한문화에 의해 배양되었다. ……의무교육에서 한문 교재는 좀 더 늘려야 할 것이다. 특히 간묵하고 웅경한 논설문을 읽게 함으로써 현대 일본인들의 자칫 해이해지기 쉬운 문체 감각을 단련시키는 것은 오히려 시급한 문제라고 판단된다. 그것은 유럽에서의 라틴어교육 같은 작용을 할 것이다. (전게 「일본어를 위해[日本語のために]」, 방점 다나카)

구두로 사용되는 일본어는 그 자체로 자립이 불가능하기 때문에 반드시 한문과 고전의 도움이 필요하다는 주장이다. 타자에게만 의지하는 이런 언어엘리트주의자는 "유럽에서의 라틴어 교육"조차 자기 구미에 맞게 해석해, 자기에게 필요한 특정 측면만 편의적으로 끌어다 자기주장에 멋대로 끼워 맞춰 버렸다.

이미 살펴본 것처럼 리바롤이란 인물은 라틴어가 비이성적이고 명석하지 않다고 판단했으며, 속어 문법을 처음으로 잉태시킨 스페인에서는 펠리페 2세(1556~1598 재위)가 직접 "애매하고 야만적인 라틴어보다 카스티야어의 명석함을"이라고 호소했다.

독일에서는 유스투스 메이저가 "미네장Minnesang의 시대 이후, 어째서 독일은 몰락했는가"라고 자문한 후, 그것은 "라틴어로 학문을 탐구했기 때문에, 정작 자신들의 땅에서 수확한 과실을 업신여긴 남자들이 항상 우리를 교육해왔기 때문이다"라고 언급했다. 라틴어에 대한 단호한 대결이야말로 근대 유럽의 언어사에 보이는 특징이라고 할 수 있다.

모어에게 바치는 찬사

자연스러운 것과 명석하다는 점은 근대 속어가 가진 특

징의 기저를 이루는 것이기 때문에, 당연히 드러나게 되는 "아름답다"라는 찬사도 자연스러움과 명석함에서 발하는 성질의 것이다. 결코 다른 사람이 알아들을 수 없는 문자를 늘어놓으며 두꺼운 화장으로 덧칠하는 것이 아닌 것이다.

여기서 19세기가 시작되자마자 나온, 보나르라는 프랑스인이 프랑스어에 보낸 찬사를 예로 들어 살펴보자. 다음과 같이 말하고 있다.

천박하지 않고 단순하며, 과하지 않으면서도 기품이 있다. 피로하게 만들지 않고 아름답게 조화를 이루고 있다. 애매하지 않고 정확하며, 허세 부림 없이 우아하다. 무리하지 않아도 자연스럽게 은유로 넘쳐난다. 그것은 완결된 자연의 진정한 표현이다.

1580년경, 막 걸음마를 시작한 스페인어를 칭송하며 페르난도 드 에레라Fernando de Herrera가 보낸 찬사도 실로 다채롭다.

우리의 말은 진지하고 종교적이며, 정직하고 기품 있으며, 화려하고 달콤하고 부드럽게 정이 담겨 있고 감수성이 풍부하다. 다른 그 어떤 언어도 풍부함과 비옥함에 있

어서 경쟁이 불가능할 정도로 풍요로운 표현력이 넘치고
있다.

내가 과연 지금 이런 찬사들을 일본어로 잘 번역하고 있
는지조차 전혀 자신이 없다. 그 하나하나의 단어가 가진,
당시의 어감을 설명하기 위해, 각각 독립된 논문을 써야 할
필요가 있을 정도일지도 모른다. 하지만 마음에 담아 두고
싶은 것은 "꾸밈없음", "단순함", "자연스러움", "정직함" 등
등의 미질美質이 존중되고 있다는 점이다. 그것은 속어에
대한 찬사로 가장 적절한 표현이다.

국가를 위한 언어 형성 작업에 뒤늦게 합류한 독일어 입
장에서, 싸워야 할 적은 라틴어만이 아니었다. 이미 저 높
은 곳에서 빛나고 있던 프랑스어라는 강력한 라이벌이 있
었기 때문이다. 유감스럽게도 거기에는 "아름답다"는 따위
의 칭찬은 진부할 정도라 설득력을 가질 수 없었다. 그것은
이미 프랑스어를 위한, 프랑스 전용의 찬사로서 확립되어
있었기 때문이다.

18세기 말, 독일어에 대해 크롭슈토크Friedrich Gottlieb
Klopstock가 발견해낸 찬사는 "순수하고", "활짝 핀 상태"로
"열매가 주렁주렁 매달린", "울림 가득한", "장중하고", "자
유롭고", "그림 같은", "남자답고", "기품 있고", "비할 바 없

는" 말이었다.

　여기서는 프랑스어에 대해 거론되는 우아함, 섬세함, 이성적임 등 지적이고 세련된 매력에 대해, 진취적이고 회화적이며 음악적인 정감과, 프랑스어에 비해 오히려 거칠고 투박하며 시골풍의 소박함에서 그 장점을 발견하고자 하고 있다. 당연히 "과도한 세련됨"은 속어의 소박함이라는 미질의 측면에서 보자면 악덕이라고 할 수 있었다. 때문에 크롭슈토크는 프랑스어의 발음에도 불쾌감을 드러내며 다음과 같이 표현했다.

　　목구멍 깊숙이에서 나온 그 울림은 프랑스인의 야만성을 표현하고 있다. 스스로에 도취한 듯 콧속에서 몰아 나오는 소리는 프랑스 문명 자체가 과도한 세련됨에 빠져 있다는 사실을 말해주고 있다.

　서로 다른 언어나 방언에 대해 미추美醜를 말하는 이런 류의 평가는, 모든 아름다움이 그대로 추함이 되고, 추함은 딱 그대로 아름다움으로 바뀔 수 있음을 가르쳐준다.

　프랑스어와 대비하며 독일어의 특질을 인상 깊게 언급한 사람은, 알자스 태생으로 양쪽 언어에 밝았던 알베르트 슈바이처였다.

독일어와 프랑스어의 차이점을 나는 다음과 같은 차이로 느끼고 있다. 프랑스어에서는 아름다운 공원의, 아주 잘 손질이 된 길을 산책하는 느낌이 들지만, 독일어에서는 멋진 숲 속으로 여기저기를 걷고 있는 느낌이 든다.

구석구석 손질된 "공원 길"과 사람의 손길이 아직 다 미치지 않은 "숲 속", 이 상징적인 대비는 형태를 바꿔도, 이 두 가지 언어를 비교하는 일관된 틀을 형성했다.

소박함과 토착성, 원초성(오리지널리티)의 강조는 자연히 도시 문명, 문자의존언어의 대극이 되는 지점에 있는 농촌적 생활, 문자로 표현되기 이전의 구어, 즉 방언에 대한 관용을 배양하게 된다. 그리고 도시화되지 않고 후진적인 토착 농민 생활어에서 그 민족 특유의 원초적이고 순수한 모습을 발견하려는 태도는, 비단 독일에 국한되지 않고 유럽의 경우 모든 후진적인 국가에서 나타난 현상이었다.

말의 순수성이란 무엇인가

우리들은 이미 프랑스에서의 Purisme(순화주의)를 살펴보았다. 이는 사회적으로 상층부에 존재하는 언어를 올바르고 순수하다고 간주하며, 하층에 있는 말을 무너지고 더럽혀진 것으로 간주한다. 농민의 토착적인 언어도 바로 이 하층에 속하는 언어이며, 국가의 언어로부터 배제되어야 마땅한 불결한 요소의 공급원이었다. 하지만 독일어에서는 순수함의 근거가 역전된다. 무엇보다도 근거로 삼아야 마땅한 것은 "기품 있고 오염되지 않은 농민의 말"이었기 때문이다.

농민적 순수 신앙은 노르웨이어가 덴마크어에서 자립하려고 했을 때, 보다 후진적이고 보다 보수적인 농민층의 방언에 아이덴티티를 두려는 시도로 드러났다.

순수라는 개념은 다양한 속성을 지니고 있다. 또한 그 해석에 따라 완전히 정반대의 성질을 포함하는 경우가 있다. 세련됨이라든가 아름다움의 기준과 비교하면, 극소수의 예외를 제외하고(다음 장 참조) 상당히 많은 언어들이 그것을 간직할 수 있는 성질의 것이다. 그것은 거침, 투박함, 미숙함 등의 마이너스 가치를 일거에 플러스 가치로 바꿔버리는 마법의 열쇠다.

어떤 언어가 순수하게 유지되고 있다는 것 자체가 그 언어가 다른 언어에 의존하지 않고 자립해 있다는 증거가 될 수 있다. 또한 만약 현재 상황에서 순수하지 않더라도 언어적으로 순수하다는 개념을 머릿속으로 그려낼 수 있는 여지가 남겨져 있다면 순화 노력이 응당 그 결실을 맺을 것이다. 이런 사고방식은 예를 들어 라틴어라든가 한문이 어떤 속어(모어)에 깊이 각인시킨 영향을 자부하며 그와의 혈연적 관련성을 강조하거나 그 권위에 편승하고 종속되려는 시도보다 훨씬 자립적이다.

하지만 어떤 하나의 언어가 얼마나 순수한지를 분석적으로 보여주기 위해서는, 그 언어가 가진 고유성이 인접 언어와의 대비를 통해 증명되어야 한다. 그 경우 문법 구조의 고유성을 다른 언어와 비교해봐도 대중적 기반을 가질 수는 없다. 따라서 언어의 순도를 분석적으로 증명하려면 결국 어휘의 독자성에서 그 근거를 찾게 된다. 어휘의 독자성이란 거기에 외래어라고 여겨치는 이물질의 혼입도가 낮은 것에 의해 측량된다. 보통 말은 오로지 실용적으로 사용될 경우, 아무도 순도 따위에 신경을 쓰지 않기 마련이다. 오히려 모어에서의 수단이 부족하다고 느껴지면 필요한 것은 즉시 다른 데서 빌려 쓸 수 있는 여지가 남겨져 있는 것이 바람직할 정도다.

하지만 예를 들어 영어라는 강력한 적에게 포위되어버린 아일랜드어의 입장에서, 다소의 불편함은 그 언어 자체의 존속을 위해 오히려 마땅히 지불해야 할 대가라고 할 수 있다. 아일랜드인은 그런 상황에서 다음과 같은 수치를 예로 든다. 영어와 아일랜드어에서 각각 10만 단어를 빼서 비교해보자. 영어에서는 그 본래의 고유한 단어를 33% 남기고 있을 뿐이다. 하지만 아일랜드어에서는 80%까지 유지되고 있다. 즉 아일랜드어는 자립적으로 유지되고 있으며 영어에 비해 훨씬 높은 순도를 지닌 독립 언어라는 주장이다.

하지만 이런 식의 논의는 누구에게나 가능하지는 않다. 요컨대 일상적으로 사용하는 단어 중 어느 것이 이물질이며, 그 이물질이 어떤 언어로부터 유래하느냐의 판단을 어원 연구의 성과에 바탕을 두고 행할 수 있는 사람은 그리 많지 않기 때문이다. 오히려 아무도 없다고 말하는 편이 나을지도 모른다. 거기서 생겨나는 다양한 논의를 뛰어넘어, 모어라고 여겨진다면 모어일 거라는 공시共時 의식, 즉 역사를 모두 현재로 파악하는 의식이 가장 공평한 판단을 내린다. 애당초 언어를 현재 한참 사용하는 와중이라면, 사람들은 어원 따위에 대해 따지고 들지 않을 것이다. 언어의 모든 것은 현재화現在化되고 있다.

독일어 순화운동

일본어에서는 외래어임을 나타내주는 특별한 문자가 있기 때문에, 어떤 단어가 외래어라는 의식은 이 문자 표기를 통해 남겨지기 쉽다. 반대로 한자로 적히면 그 이전의 과거는 송두리째 사라지게 된다. 하지만 똑같이 하나의 문자로 표기해야 하는 유럽의 여러 언어들의 경우, 동화과정은 일본어보다 훨씬 빠르다. 독일어에서는 그 동화가 진전되었기 때문에 아마추어에게는 외래어라고 느껴지지 않게 된 단어를 차용어Lehnwort, 외래의 의식이 남아 있는 것을 외래어Fremdwort라고 부르며 구별하고 있다. 그곳에서는 "차용어는 양자, 외래어는 손님"이라고 일컬어지고 있는데, 실제로 행해진 테스트 결과를 보면 대학생조차 분간하기 어려운 상태다. 예를 들어 프랑스어에서 가져온 것으로 여겨지는 "시크한 드레스"의 '시크'는, 원래 14세기 저지독일어에 있었던 것이 프랑스어로 들어갔다가 다시 1870년경 친정으로 돌아온 경우다. 하지만 이에 대한 지식을 가진 자는 극소수에 불과하다. 조사에 의하면 대학생 중 73%가 이것을 외래어라고 답변하고 있다.

프랑스어에 비해 근대 국가어로의 길에 결정적으로 늦게 합류한 독일에서는 19세기가 시작될 당시 강렬한 순화주의 운동이 발생했다. 표적은 그때까지 멋대로 침입해 있던 프랑스어였기 때문에, 그것을 대신할 독일어를 만들어내는 일에 열을 올렸다.

특히 기억에 선연히 남아 있는 것이 캄페Campe의 『우리들의 언어에 침입한 외래 표현의 설명과 그 독일어화를 위한 사전』(1801년)이다. 캄페가 창조해낸 말 중 약 300개의 독일어는, 오늘날에 와서 대부분의 사람들이 이런 비화가 있었으리라고는 도저히 상상하지 못할 법한 단어들이다. 그런 단어들은 이미 아주 먼 옛날부터 독일어였을 것 같은 느낌으로 받아들여지고 있기 때문이다. 예를 들어 'Schrifts-teller(작가)'는 'autor'를 이렇게 바꿔놓은 것이라고는 도저히 느껴지지 않는다. 자립적인 독일어에 대한 바람은 문필가의 관심사 영역에만 머물지 않았다. 일반인의 언어생활에서도 실용 어휘의 독일화가 진행되어야만 했다.

그런 점에서 독일화 작업에 혁혁한 공을 세운 사람은 우정(체신부) 장관인 하인리히 폰 슈테판Heinrich von Stephan이었다. 만국우편연맹의 창시자이기도 했던 슈테판은 1874년부터 무려 760개의 외국 우편용어를 독일어로 바꿨으며 이런 류의 운동의 중심인물이 되었다. 오늘날 우리들이 독일에 갔을 때 당장 필요해질 속달, 등기, 우체국 수령 등기 등의 용어는 모두 그의 손을 거쳐 만들어진 것들이다. 중요한 점은 슈테판이 만든 용어가 그대로 정착되었다는 사실 자체에 있는 것이 아니라, 그것이 하나의 독일적 기풍이 되었고, 그 이후 전화, 라디오, 텔레비전 등 계속 세상에 나오게 되는 새로운 단계의 정보전달 수단에 대해서도 그 기풍이 반영되었다는 사실이다.

하지만 언어의 순화라고 해도, 현실 속에서 그 순수한 상태를 실제로 아는 사람은 아무도 없다. 순수한 상태라는 것은 외래 요소가 침입해오기 훨씬 이전의 일로, 관념 안에서만 존재할 뿐이다. 그 기원에서 이미 불순했던 것이, 시대를 거쳐 내려온다고 순화될 리 없다. 요컨대 기원은 항상 순수하며 순수한 상태는 기원이라고 가정될 뿐이다. 기원이 순수하다면 논리적으로 그 이후는 보다 순수하지 않게 된다. 이 점은 훗날의 비교언어학의 기초를 이루는, 언어의 계보적 사고방식 안에서도 그대로 찾아볼 수 있는 사항이다.

외래어의 위협

18, 19세기를 통해 일방적으로 공급자였던 프랑스어 역시, 제2차 세계대전 이후에는 수용자 측에 서게 된다.

영어의 어마어마한 침공에 위기를 느낀 프랑스 정부는, 과거의 아카데미적 순화주의 정신을 각성하고 1972년, 두 종류의 용어변환표를 발표했다. 첫 번째 표는 모든 공적 기관과 학교에서 영어 대신 사용해야 할 단어 리스트였고, 두 번째 표는 가능한 한 바꿔 말하는 것이 바람직하다고 생각되는 어휘들을 수록하고 있었다.

하지만 영어의 범람에 위협을 느낀 것은 프랑스만이 아니다. 유럽 전체가 정도의 차이만 있을 뿐, 비슷한 상황에 놓여 있었다. 프랑스 정부가 용어변환표를 제시한 다음해인 1973년, 서독의 대통령 구스타프 하이네만은 자신의 연설을 통해 이런 프랑스의 시도를 소개한 후, "나는 이 예를 단순히 흉내낼 수 있다고는 생각하지 않는다. 우리들은 일반적인 권위에서 아카데미 프랑세즈와 비교할 수 있는 기관을 가지고 있지 않기 때문이기도 하다"라고 지적하며, 하지만 독일어에서는 "윗전의 규칙에 의거하지 않고도 잘 해내야 한다"라고 말했다. 아카데미적 권위에 굳이 의거하지 않고 독일어를 모어로 하는 시민 한 사람 한 사람의 복원력에 호소했던 것이다. 이토록 이성적이고 조용히 선동할 수 있는 대통령이라면 누구나 틀림없이 부러워 할 것이다. 하지만 더더욱 마음에 울림을 주었던 것은 이 연설이 다음과 같은 전개를 보이며 이어졌다는 사실 때문이다.

최근 몇 년 동안 나는, 글을 쓰거나 이야기를 할 기회가 있을 때마다 외래어를 사용하는 대신 최대한 독일어를 사용하라고 발언해왔습니다. 내가 그렇게 말한 까닭은 특별한 민족감정을 드러내고자 함은 아니었습니다. 오히려 누구든지 잘 이해할 수 있었으면 하는 심정으로 그렇게 말했습니다. 내가 맡아야 할 다시없이 소중한 역할로 여겨지는 것은, 이른바 교양있는 계층과 광범위한 대중 사이에 생긴 단절을 뛰어넘는 것입니다. 만약 그런 단절이 생긴다면 민주주의에 있어서 매우 위험한 일이기 때문입니다. (방점, 다나카)

외래어에 대한 혐오, 배격은 어느 국가에서든 선동적으로 행해지곤 하는데, 대부분은 민족이나 국가의 이름으로 행해지는 경우가 많다. 그런 만큼 여기에서 말의 민주주의라는 시점이 전면에 내세워져 있다는 사실에 우리들은 감동을 느끼지 않을 수 없다. 게다가 말의 민주주의에 대한 발언이 이른바 문화인 등이 아니라, 다름 아닌 국가원수의 입에서 나왔다는 것은 독일의 언어사적 환경, 혹은 거기에서 열매 맺은 언어에 대한 사색의 경험에 의한 것임을 짐작할 수 있다. 우리들은 무려 200년이란 세월에 걸친, 프랑스어를 상대로 한 오랜 대결 안에서 단련된, 외래어와 그 순화를 둘러싼 논의의 풍요로운 역사와 마주하게 된다.

우정(체신부) 장관 슈테판의 우편용어 독일어화 훈령(1874년)이 나온 이후, "전독일언어협회"가 결성되면서 언어적 배외운동이 최고조에 도달했을 때의 일이었다. 41명의 서명에 의한, "순화운동에 반대하는" 성명이 발표되었다. 그것은 다음과 같이 언급되고 있다.

전독일언어협회 이사회가 이사회의 결정사항을 학교에 강요하며, 맞춤법(철자법) 견본에 의해 말의 사용법까지 위로부터 내려온 규칙에 얽매이도록 정부 당국에 압력을 가하고 있는 지금, 이하의 서명자들은 다음과 같은 사항의 공적 성명을 내지 않을 수 없다고 느끼기에 이르렀다. 즉 발전과 필요, 우리 언어들의 세계시민적 적응력과 그 민족적 저항력, 문학과 교양을 위해, 또한 스스로의 어휘를 자신의 판단하에 선택할 우리들의 지도적 작가의 권리를 위해, 몇백 년에 걸친 독일과 여러 외국의 경험에 근거하여 이러한 뒷배로부터 단호히 손을 끊고자 함을.

그들은 외래어의 침입을 방어하는 것만이 독일어를 풍요롭게 하는 길은 아니라는 점, 그것은 권력에 의해서라기보다는, 오히려 과학이나 교육학의 교양을 쌓은 교사가 젊은 이들로 하여금 깔끔한 말을 사용할 수 있도록 지도함으로써 이루어질 수 있다고 지적한 후, 다음과 같이 언급한다.

여기에 서명한 우리들은 새로운 말들을 한없이 만들어 내는 것을 막겠다는 입장과 거리가 멀다. 오히려 그 반대다. 말이 올바른지 잘못되었는지, 없어도 무관한지 꼭 필요한 것인지, 이런 것들을 언어 관청이 결정하는 것에 반대한다.

우리들은 그 어떤 국가의 언어 단속기관이든 언어의 달인이든, 무엇이 올바른지를 권위적으로 결정하는 것을 인정하지 않으며 바라지도 않는다. 자유롭게 성장해온 우리들의 언어는, 외래어의 홍수가 밀려들 때마다 정신적으로 친숙해질 수 없는 것들을 결국엔 잊어버리게 되겠지만, 새로운 개념을 담은 말의 형상들은 우리들의 언어를 풍요롭게 해줄 요소이기에 결코 외면하지 않을 것이다. 그런 점에서 독일어는 빈약해질 리 없다.

41명 중에는 시인이나 소설가인 프라이타크Gustav Freytag, 테오도어 폰타네Theodor Fontane, 하이제Paul Johann Ludwig von Heyse, 언어학자 델브뤼크Berthold Delbrück, 신학자 하르나크Harnack, 저명한 병리학자 피르호Rudolf Virchow 등이 포함되어 있다.

그리고나서 100년이 흐른 후, 마르바흐Marbach(독일 남서부 도시명-역주)에서 대통령 하이네만Gustav Heinemann이 이런 41명의 성명을 상기했는지는 확실히 알 수 없다. 하지만 여기서 우리들은 후발국가 독일의 민중적 언어에 대한 강한 신뢰감, 거기로부터 드러난 낙천성, 그리고 무엇보다 소박하게 언어적 자유를 누리고자 하는 낭만적인 정신의 계보를 인정할 수 있다. 오로지 언어엘리트 취향에 젖어 고도로 규범화된 언어의 완성도를 자부하는 대신, 끊임없이 생성되고 변화해가는 언어 그 자체의 본질을 꿰뚫어보고 규범은 그것에 죽음을 부여할 뿐이라고 생각한다. 이런 사고방식은 결국 아카데미를 가지지 않는 것에 자부심을 느낄 수 있는 자유를 수립했던 것이다.

각 개인은 다른 개인들과의 교류 안에서 자신의 말을 배우고 변화시켜간다. 전면적이고 끊임없는 이런 언어 간 혼합이 한 집단 안에서 언어가 심하게 분화되는 것을 막고 있다.

——휴고 슈하르트

제7장
순수 언어와 잡종 언어

순수 언어의 신화

알자스어가 독일어나 그 방언이 아니라 고유의 알자스어(Elsässisch 혹은 Elsässerditsch)라고 자각하고 그렇게 주장할 때, 알자스인이 품는 모어에 대한 사랑은 프랑스어도 독일어도 아닌, 그 어느 편에도 속하지 않는 제3의 언어로 향해진다. 그 언어는 아직도 이름 없는 말에 불과해서 여전히 국제적 인지를 얻지 못하고 있다. 때문에 결국 설명하기에 너무 버거울 경우, 독일어 방언이라고 할 수밖에 달리 방법이 없다. 따라서 알자스어가 싸워야 할 적은 정치적 측면에서 프랑스어라고는 해도, 보다 본질적으로 언어 그 자체에 밀착해서 말하면, 오히려 독일어 쪽일 수도 있다. 독일어는 알자스어 입장에서 위신 있는 대장 언어이기 때문에, 오히려 끊임없이 알자스어를 위협해왔을 것이다. 그 경우 알자스어가 마주할 위험은 두 가지 측면에 걸쳐 있다. 우선은 자칫 방심하다가는 순식간에 독일어에 흡수되어버릴 우려가 있다는 점이다. 두 번째 측면으로는 표준적인 독일어 규범에서 벗어난, 무너진 말이라는 전통적인 평가다. 그 양쪽 모두가 혈연적 계보관에 선, 언어의 순수성이라는 신화에 근거를 두고 있다. 언어의 순수성이라는 신화는 학문적으로든 일상적으로든 여전히 강하게 사람들을 사로잡고 있다.

"순수한 언어"라는 개념이 의심할 여지조차 없는 허구라는 사실은, 누구라도 잠시 생각해보면 단박에 알 수 있는 일이다. 그 누가 순수한 언어를 본 적이 있겠는가. 혹은 이것이 순수한 언어라고 제시되었다 한들, 그것을 확인할 방법조차 없다. 애당초 언어의 순수라는 개념 자체가 불분명한 상태다.

그럼에도 불구하고 사람들은 막연히 생각하고 있다. 오늘날처럼 말이 서로 뒤섞여 외래 요소로 인해 더럽혀지기 이전, 그 원시 시대까지 거슬러 올라가면, 결국에는 그 출발점에서 순수한 상태에 이를 수 있을 거라는 이야기다. 모든 것에 있어서 그처럼 단일하고 균질적이며 확고하게 파악할 수 있는 시발점이 있다는 발상은, 과학적 사고에 앞선 사고 이전의 사고, 이른바 원原 이데올로기와 같은 것이다. 그것은 인류의 조상에 아담과 이브라는, 확정 가능한 막다른 골목을 설정하고, 무한을 유한 안에서 포착하고 싶다는 바람에 그대로 보인다.

그것이 있기에 더더욱 속세의 순화주의, 고전주의 운동가만이 아니라, 언어 과학에 종사하는 사람들에게도 "언어의 순수 상태"라는 가정은 결코 뒤흔들어서는 안 될 궁극적 근거가 되고 있다. 물론 고전주의의 근거는 오래된 말일수록 오리지널이며 순수한 상태에 가깝고 시대가 내려오면

내려올수록 그것으로부터 멀어진다는 사고방식에 있다.

실증적 언어 연구사라는 관점에서 최대의 유산으로 생각되고 있는 19세기의 인구어(인도유럽어족의 언어-역주) 비교언어학도 과학 이전의 이데올로기에 인도되지 않았다면 탄생될 수 없었을 것이다. 즉 오늘날 몇 가지의 곁가지가 생겨 나뉘어 버린 각각의 언어나 방언이, 아직 통일을 유지했던 시대를 더더욱 거슬러 올라가, 결국 그 유일한 원점에까지 이르면 근간이 되는 시조, 즉 순수한 인도유럽조어(Proto-Indo-European language, PIE-역주)에 결국 이르게 될 것이라는 신념이다. 아우구스트 슐라이허August Schleicher에 의해 '원어原語'라고 명명된 이 조어의 모델이 생물학에 있었다는 사실은 널리 알려져 있다.

슐라이허의 인도유럽조어

생물학 시대라고도 일컬어지는 19세기에, 동식물의 진화사 구축 이론에 완전히 매료되어 버린 슐라이허는, 언어연구의 모델이 될 수 있는 것은 오로지 이 생물학뿐이라고 생각했다(『다윈 이론과 언어학』).

말에는 생물과 마찬가지로 조상이 있으며, 그것은 번식에 의해 자식이나 손자를 낳고 그 과정에서 진화를 거듭

한다는 도식이 도입되었다. 이 조어는 때로는 "모어langue mère"라고도 칭해진다. 그것은 하나의 언어족의 원모原母 같은 것이다. 분명 조어祖語의 조祖가 남자라면 자식을 낳지 않으므로 난처하다. 자식을 낳기 위해서는 여자여야 했다. 굳이 말하자면 조모어祖母語라고 불러야 마땅하지만, 여성은 보통 남성 없이는 아이를 낳지 않는다. 자웅에 의한 생식을 영위하지 않는 말을 굳이 생물에 비유하는 것은, 이런 점에서도 이미 적절하지 않음을 알 수 있다. 그러나 일단은 그런 것에 대해서는 눈을 질끈 감아보자.

이렇게 만들어진 인도유럽조(모)어는 다양한 딸들을 낳았고, 딸들 역시 결혼도 하지 않은 채 그 딸들을 낳았다. 태어난 것들은 언제나 변함없이 아이들을 낳아줄 여자여야만 했기 때문에 서로 혈연으로 연결된 비슷한 종류의 말들은 모두 '딸어娘語(Tochtersprache)'라고 불린다. 물론 그 배경에는 독일어뿐만 아니라 그 밖의 유럽어에서도 언어라는 명사가 여성이라는 점에 의한다. 이렇게 해서 인도에서 유럽에 걸친 거의 대부분의 언어는 상호 혈연관계로 이어져 공통의 조상을 가진 일대 모계가족을 구성하게 되었다. 그 최초의 형태가 실제로 있었다는 것을 마치 멸종된 고대 생물의 존재처럼 굳건히 믿어 의심치 않았던 슐라이허는, 그 순혈의 조어로 한편의 옛날이야기를 써내려갔을 정도였다.

조어에서 딸, 딸에서 손녀딸로 전개해 가는 방식 속에서 변화의 규칙성을 발견했다고 믿었을 때, 언어과학도 비로소 자연과학과 대등한 지위를 획득할 수 있다며 사람들은 환호했던 것이다.

"언어는 인간의 의지로 규정당하지 않고 발생한 자연 유기체이며, 일정한 규칙을 따라 성장하고 발전하다가 결국 나이를 먹고 죽어 사라진다", "언어과학은 따라서 자연과학임에 틀림없다"라고 슐라이허는 썼다. 이로써 19세기 자연과학의 상징인 "법칙"의 왕관을 언어 위에도 씌어주었던 것이다.

인간 현상을 법칙 과학처럼 체계화시키기 위해, 거기에서 인간의 의지를 제거하는 절차를 완성하는 것이 19세기의 '과학적' 사고의 과제이자 특징이었다. 예를 들어 "인간의 경제활동을 지배하고 있는 법칙은 인간의 의지와 무관하게 맹목적으로 작용한다"는 엥겔스의 말(『공상에서 과학으로의 사회주의 발전』)과 슐라이허의 말에서 발견되는 현저한 일치에, 동일한 하나의 시대정신의 발현을 발견할 수 있다.

모든 변화는 채용이다
언어 변화의 법칙성은 우선 음의 변화가 규칙적인 성질

을 보인다는 것으로 파악되었다. 예를 들어 라틴어의 pa-ter(아버지)에 유래하는 어두의 p음은 프랑스어에서 père, 이탈리아어와 스페인어에서 padre로 각각 p로 표현되고 있다. 그러나 영어나 독일어에서는 father, Vater[faːtər]처럼 f에 대응하고 있다. 이것은 동일 조건의 다른 모든 경우에도 일어나며, 예외는 없다. 완전히 규칙적이다.

다음으로 예를 들어 발이라는 단어로 시도해 보면, 라틴어의 pès, 프랑스어의 pied, 이탈리아어의 piede, 스페인어의 pie가 영어, 독일어에서는 foot, Fuβ처럼 f가 된다. 이런 예에 따라 p에서 f로의 '변화'는 '규칙적'으로 발생했다는 식으로 설명되었다. 일본어에서도 오늘날 어두의 Ha(ハ)행 음은 나라시대에는 p음이었다고 추정되고 있다. 후지산은 푸지산이었다는 말이 된다. 그 p에서 h로의 변화는 동일한 조건 아래에서는 인간의 의지를 뛰어넘어 어떤 법칙적인 힘이 작용해서 예외 없이 규칙적으로 발생했다고 생각되었다.

아주 잘 만들어져 있고 보기에도 그럴싸한 이런 이론을 들었을 때, 우리들은 감탄한 나머지 그것을 앵무새처럼 거듭 반복해선 안 된다. 학설을 기억해두었다가 그것을 한없이 되풀이하는 것은, 해당 지식을 과학과는 무관한 신비한 교의로 만들어버릴 우려가 있기 때문이다. 이런 경우와 마주하게 되었을 때는 최대한 소박하게 아마추어처럼 구체적으로 생각해보는 편이 낫다. 왜냐하면 말을 사용할 때 우리들은 항상 아마추어이며, 아마추어와 이야기하기 때문에 말은 성립하고 있기 때문이다.

　예를 들어 아마추어의 생각이다. 이 p에서 f로의 변화는 한 번에 발생했을까, 아니면 오랜 시간에 걸쳐 아주 조금씩 변해가면서 움직였던 것일까. 한 번에 발생했다면 1년에 걸친 일이었을까, 아니면 몇십 년에 걸쳐 그리 된 것일까. 혹은 도저히 있을 수 없는 일이라고 생각되지만, 말을 하는 사람이 어느 날 아침 문득 눈을 떠보니 p를 f로 발음하는 인간이 되어 있었던 것일까. 인간이라는 동물은 무의식적으로, 뭔가 인간을 뛰어넘은 법칙에 따라 스스로도 알아차리지 않은 채 p를 f로 발음할 정도로 법칙에 순종적이어야만 할까. 그런 일이 가능할 리 없으며 또한 있어서도 안 된다. 인간은 규칙을 위해 존재하는 것이 아니기 때문이다. 대략적으로 인간과 관련된 사건 중에서 무의식의 법칙적 변화는 있을 수 없다. p에서 f로의 변화는 언어를 사용하는 한 무리의 집단 속에서 각 개인에 따라 일제히 일어난 일이 아니라, 어떤 개인에게 발생한 변화가 확산되어 사회적으로 채용되었다는 사실을, 실로 이해되기 쉽게 설명한 사람은 유지니오 코세류Eugenio Coseriu였다. 그는 모든 변화는 '채용'이며, 채용은 인간의 의지의 행위라는 점, 마치 타이프라이터가 p

라는 문자를 한번 f로 바꿨다고 한다면, 그 다음에는 몇 번 쳐도 f가 나오는 것이 조금도 이상하지 않은 것과 마찬가지 이며, 그것은 자연의 법칙과는 관련성이 먼 것이라고 설명 해주었다. 이리하여 음운 법칙은 초인간 법칙이라는 신비 의 세계에서 가까스로 인간 세계로 귀환하게 되었다.

언어학에서의 인종주의

애당초 언어의 변화를 이처럼 쉽사리 법칙 휘하에 담아 낼 수 있었던 까닭은, 말을 불순물이 안 섞인 균질적인 것, 마치 자연의 유기체인 동식물처럼 생각했기 때문이다.

다양하고 개성적인 문화의 만남 속에 놓인 인간 현상에, 이런 생물주의적 순혈 개념을 가지고 들어올 때 생기는 것 은, 바로 인종주의다. 히틀러가 유대인을 모조리 없애버리 겠다는 생각을 하게 되었을 때 비유대인을 움직였던 것은, 게르만 인종의 피의 순결함이라는, 실증 불가능한 관념을 근거로 한 '자연과학적 신비주의'였다.

이리하여 1930년대에 이르러 독일에서 위험한 인종주의 열병이 사람들을 사로잡았을 때, 그것과 농밀한 관계에 있 는 언어학에 나타난 인종주의와 맞서 싸우는 것을 당면한 임무로 생각했던 것은, 바로 소비에트의 언어학이었다. 이런 상황 속에서 N · Ya · 마르는 모든 언어의 '계보적 다원多元 발생관'을 일소하고, 일원적이고 보편적인 언어기원론을 내걸고 등장했다. 언어에 보편적인 기원을 생각했던 것은 마르만이 아니라 라이프니츠 역시 마찬가지였기 때문에, 딱히 새롭지도 기발하지도 않다. 그러나 각각의 언어에서 발견되는 구조적 차이점은 모든 사회의 발전 단계의 조건에 따라 다르다고 생각했다는 점이 특징적이었다.

마르의 이론 안에서 특히 중요한 개념은, 서로 다른 언어 간의 접촉—마르의 용어를 빌리면 '교차'—이며, 이것이야말로 언어의 변화와 발전의 원동력이라는 사고방식이었다. 소련의 언어학 전통 속에서 슈하르트의 학문에 깊은 공감을 보였던 까닭은 언어 인종주의와 쌍을 이룬, 청년 문법학파의 음운 법칙에 대한 근본적 비판이 그에 의해 제시되었기 때문이다.

마르의 이론은 스탈린의 지지를 받아 독점적으로 소비에트 언어학을 지배했으나, 1950년대에 들어와 결국 스탈린에 의해 파산 선고를 받았다. 당시 스탈린은 "청년 문법학파가 차라리 더 낫다"라고 언급했다고 한다. 그것은 소비에트 언어학에서의 전투 체제의 종결 선언이었다.

마르의 이론은 단순한 이론을 벗어나 실증 단계로 넘어서자마자, 청년문법학파와는 별개의 또 다른 신비주의에 빠졌다. 그러나 그 근본에 내포되어 있는 탁월한 사고방식은, 모든 언어는 그 안에 다양한 사회적 변종을 포함하면서 언어마다 끊임없는 접촉 속에 놓여 있다는 인식에서 출발한 사회언어학이나 크레올creole학 안에도 발견된다. 이리하여 지금, 순수 언어라는 신비사상은 험난한 도전을 받고 있으며, 그 점은 이른바 자곤을 비롯해 그간 차별당해온 언어의 해방에 확실하게 기여하기 시작하고 있다.

멸시당하는 말

모델로서의 순혈 언어의 대극에 있는 것은, 뒤섞이고 짜집기되어 있으며 여기저기에서 긁다 모아놓은 혼성 언어, 잡종 언어다. 그 잡종적 성격을 단박에 간파할 수 있는 이디시어나 크레올어는 순수라는 관념이 있는 한, 끊임없이 멸시당할 것이다.

어떤 언어가 이런 저런 언어들의 짜집기이며 갖가지가 뒤섞인 잡종임을 알 수 있는 것은 그것을 귀로 들었을 때, 각자가 가지고 있는 언어 지식에 의해서 어느 정도 이해가 가능하기 때문이다. 혹은 이해할 수 있는 단어가——요컨대 그 언어 입장에서는 협잡물이 발견되기 때문이다. 귀로 들었을 때 단 한마디도 알아들을 수 없는 말에 대해서는 순수하다거나 뭔가가 섞여 있다거나, 그 누구도 감히 말할 수 없을 것이다. 생각해보면 기묘한 일이지만, 말은 다른 또 하나의 말에 가까우면 가까울수록, 즉 또 하나의 언어를 듣는 사람에게 이해되면 이해될수록 멸시당하게 되어 있다. 방언이 멸시당하는 것은 그것이 어느 정도까지는 이해되기 때문이다. 그러므로 방언을 쓰면 이해가 잘 안 되기 때문에 표준어를 써야 한다는 표현은, 절반은 거짓말이다. 실제로 작가들의 경우, "말이란 이해되면 된다는 성질의 것이 아니다"라는 말을 끊임없이 반복하고 있지 않은가. 방언이 멸시당하는 이유는, 이해가 안 되기 때문이 아니라, 오히려 이해가 가기 때문이라고 할 수 있다.

예를 들어 에스키모어나 바스크어를 들으며 비웃겠다는 시도조차 하지 않지만, 수도권에 사는 언어엘리트들은 어딘가의 방언을 듣고 "이게 정말 일본어야? 듣는 사람이 더 부끄럽네"라고 느낀다. 마치 독일인이 이디시어를 듣고 문법이 엉망이라고 생각하거나, 특정 표현의 방언적 활용을 듣고 눈살을 찌푸리는 "올바른 말" 평론가의 반응과 비슷하다. 언어평론가는 그런 표현과 접하자마자, 단박에 "문법적으로 오류다!"라고 생각해버린다. 모어 자체에서 이미 방언적 활용을 하는 사람들은 자신들의 모어가 틀린 표현이 아니라고 말하기 위해—기실은 모어에는 원칙적으로 오류란 있을 수 없지만—자신들이 쓰는 방언적 활용을 그들의 '올바른(정식) 문법서' 안에 채용해 특정한 방언적 활용에 대한 표준적 활용을 적어도 그 문법에서는 오용이라고 규정하든가, 그와는 다른 별개의 카테고리를 만들어 방언적 활용을 다른 방법으로 설명해야 한다.

근사한 독일어를 구사하는 비른바움Birnbaum 박사가 "올바르게 무너진" 이디시어를 결코 제대로 발음하지 못했던 것처럼(제8장 참조), "듣는 사람이 더 부끄러워지는 일본어"를 올바르게 사용하기 위해 이번엔 그 사람이 부끄러워해야 할 차례다.

어떤 이디엄idiome(말)이 멸시당하는 것은 이보다 상위에 선다고 여겨지는 국어나 표준어에 의존하고 있기 때문이다. 중심이나 표준 가치로부터 벗어나 있다는 감각 탓인 것이다. 어딘가에서 벗어나 있다면, 그것 자체로 그 말은 잘못된 것이며 순수함을 잃고 망가졌다. 표준은 가치의 독점에 의해 언제든지 다른 비표준을 차별한다. 때문에 그 말이 "방언"이라고 치부되는 한, 즉 서로 이해할 수 있고 흡사한 언어가 가까이에 있는 한, 조건만 갖춰져 있다면 언제든지 멸시당하고 조소당하는 대상이 된다.

방언은 올바른 국어, 표준어 등과 관계를 끊고 독자의 가치를 만들어내어 그것으로부터 멀어지면 멀어질수록 한층 순수한 독자성을 획득할 수 있다.

반대로 어떤 언어가 주변 언어와 너무나 멀리 벗어나 있어서 누가 봐도 단박에 독립적 언어임을 알 수 있는 경우에는 문제가 오히려 단순하다.

예를 들어 700만 명의 카탈로니아어보다 인구 측면에서 훨씬 열세인 80만 명의 바스크어 쪽이 훨씬 그 언어의 고유성을 유지한다는 점에서 보장된 지위에 놓여 있다. 마찬가지로 일본에서는 언어 그 자체만으로 말하자면 아이누어가 류큐어보다 훨씬 보장을 받고 있다. 아이누어와 일본어와의 절대적 차별성으로 인해, 설령 아이누어 쪽에서 그것을 희망한다고 해도 아이누어는 일본어의 방언이 될 수 없다. 마치 일본어가 영어나 중국어 방언은 될 수 없는 것이나 마찬가지다. 하지만 류큐어는 단순히 류큐 방언이거나, 혹은 그것으로 끊임없이 전락할 위험에 노출되어 있다.

유럽의 남쪽에서는 바스크어나 브르타뉴어가, 북쪽에서는 핀란드어가 주위 언어와 매우 이질적이다. 때문에 그런 언어들의 이질성은 민족의 고유성을 유지한다는 측면에서 유리하게 작용해 잠재적으로 국가를 소유할 수 있는 조건을 갖추고 있다. 하지만 그 대가로 그런 언어들은 다른 민족 이상으로 인접 언어 습득에 어려움을 느낄 수밖에 없다.

고유명사는 고유 언어를 만든다

인접한 우세 언어와 너무나 가까워서 종종 방언적 관계에 놓일 수밖에 없는 말을 가진 민족은, 자신들이 독립적인 고유 민족임을 객관적으로 나타내기 위해, 해당 '방언'에 고유한 언어명을 부여함으로써 고유한 언어처럼 보일 수 있도록 할 것이다. 고유명사는 고유 언어를 만든다.

예를 들어 독일어에 대한 '룩셈부르크어', 체코어에 대한 슬로바키아어, 덴마크어에 대한 노르웨이어, 러시아어에 대한 우크라이나어 등등, 그런 언어들은 그렇게 바라고 노력만 한다면 각각의 말을 독일어, 체코어, 덴마크어, 러시아어에 동조시킬 수 있음에도 불구하고, 굳이 그것을 바라지 않는다. 그렇게 일부러 다른 말인 것처럼 해놓고 있는 이유는, 그 말을 사용하는 사람들의 강한 의지와 소망에 의한 것이다. 순언어학적으로 보면 오히려 방언에 가까운 해당 언어들은, 보다 우세하고 지배적인 근접어로부터 애써 거리를 유지하면서, 최대한 그 차별성을 한층 강화시키기 위해 다양한 연구에 연구를 거듭하며 우세어로부터의 문법, 어휘, 발음의 모든 영향을 차단시킨다. 거의 동일한 발음의 어휘라도 미묘하게 다른 문자의 철자법을 써서 차이점을 만들어냄으로써 독자적인 모습을 주장할 수 있다. 이런 점에서 이디시어를 헤브라이 문자로 쓰는 것은 이디시어가 독일어로부터 거리를 두기 위해 큰 의미를 가지고 있었다. 그 경우 방언을 언어로 만들 수 있고 국가어로 승격시키는 힘은, 무엇보다도 국가라고 할 수 있다.

언어학이 아무리 "언어 그 자체"에 밀착된 관점에서의 분류를 주장해 국가의 개입을 무시했다고 하더라도, 현실에서는 그런 무시가 무의미하다. 앞서 제1장에서 언급했던 것처럼 언어학이라 해도 특정 언어에 대해 언급하는 데 있어서, 그 언어 앞에 놓인 민족이나 국가명을 사용하지 않고는, 즉 정치 개념의 도움을 빌리지 않으면 해당하는 말을 가리키는 것조차 불가능하지 않았던가. 독일어, 프랑스어라고 그 이름을 거론하는 것 자체가 정치에 의존하고 있기 때문이다.

이런 의미에서 말은 이미 다이내믹한 정치적 맥락 속에 놓여 있으며, 따라서 사회언어학이 특별한 관심을 가지고 접근해야만 할 장면에 우리들은 서 있는 것이다.

말의 연구자들은 그런 사실을 일찍부터 알아차리고 있었다. 때문에 더더욱 그런 언어 외적인(그 자체로서 언어에 있어서 직접적인 관련이 없는) 요인에 발목을 잡히지 않도록 조심스러운 마음가짐으로, 국가와 민족과 문화를 뺀 언어, 언어(즉 ○○어)가 되기 이전의 방언적 단위 쪽에 주목했던 것이다. 그것에 대한 접근을 통해 우리들이 실로 많은 사상, 비사회적이기 때문에 더더욱 전투적인 사상들을 얻어낼 수 있었다는 점에 대해서는 이미 언급했던 바와 같다.

하지만 말의 연구방법은 하나밖에 없다고는 결코 말할 수 없다. 무엇보다 말은 사회적 현상이다. 요컨대 말은 항상 사회적이기 때문에, 그것은 국가나 민족을 벗어나 형태를 갖출 수 없다. 다시 말해 국가는 방언을 뭉개버리거나 반대로 방언을 국가어로 조성하기도 한다. 그리하여 모든 언어나 방언은 그 언어의 내적 특질을 간직하면서 언어 외적인 자장 안에 놓여 있는 것이다. 일찍이 바이스게르버는, 부분적이 아닌 말의 전체 현상으로서의 해명이야말로, 문법주의적 언어학으로부터 탈피한 말의 과학이 도달해야 할 최종목적이라고 언급한 바 있다. 이런 측면에서 우리들은 독일의 사회언어학자 하인즈 크로스가 세운 개념을 활용해 종래 언어학이 피해 왔던, 말의 사회적 형태 문제를 다룰 수 있게 되었다. 그것은 "격절언어Abstandsprache"와 "조성언어Ausbausprache"라는 개념이다.

언어의 조성

여기서 일단 임시로 제시한 번역어는 내가 급조한 것으로 결코 좋은 예라고 생각되지는 않지만, 대략적인 이미지를 그리는 데는 도움이 될 것이다. 즉 "격절언어"란 해당 언어의 구조 자체에 의해 다른 언어로부터 멀리 격리된 것, "조성언어"란 그와 반대로 주변 언어로부터의 거리를 유지하기 위해 끊임없이 그 차이를 강조함으로써 조성되어야 할 언어, 혹은 방언을 말한다.

우리는 때로는 정치권력이 적극 개입해 언어를 인위적으로 조성함으로써 민족이나 국가마저 만들어진 예와 마주하게 된다. 예를 들어 소비에트 연방에서는 타타르인과 바시키르인이 각각 자치공화국을 할당받았을 때, 똑같이 투르크어족에 속하며 아주 미세한 방언적 차이밖에 없는 각각의 말이 순식간에 두 개의 자치공화국어로 차별화되었던 장면을 목격했다. 그러나 그 차이는 G. 덱시G. Décsy가 든 비유로 말하자면 "독일의 독일어와 오스트리아의 독일어, 혹은 영국 영어와 미국 영어만큼의 차이" 정도에 불과했다. 이리하여 소비에트 연방 정권은 타타르인과 바시키르인이 더불어 일체가 될 것을 꿈꿨던 "범이슬람주의의 야망"에 쐐기를 박았던 것이다.

소비에트 연방을 구성하는 공화국 중 하나인 모르도비아 Mordovia의 역사는 더더욱 복잡하다. 이는 원래 우크라이나 공화국 안에 있던 루마니아계 주민을 중심으로 한 모르도비아 자치공화국에, 소비에트 연방이 루마니아로부터 떼어낸 베사라비아Basarabia 지방을 새로 가져다 붙여 1940년에 재조직한 결과 태어난 공화국이었다.

언어학적으로 보면 루마니아어의 방언에 불과했던 모르도비아의 말은 이 연방을 구성하는 공화국의 성립과 함께 새롭게 모르도비아어로서의 길을 걷게 되었다. 루마니아어와 달리 그것은 러시아 문자로 적혀짐으로써 보호받았다. 언어학자가 순언어학적 관점에서 모르도비아어는 루마니아어의 방언에 불과하다고 발언했다면, 그것은 소비에트 연방 체제에 대해 중대한 불복종을 드러낸 것으로 간주될 것이다.

그러나 언어를 조성하는 것은 비단 국가만이 아니다. 다양한 동기로 인해 그 말을 사용하는 주민들의 자발적 조성 운동이 발생되는 경우도 있기 때문이다. 특히 게르만어 세계는 언어별 경계가 유동적이고, 프랑스어처럼 바깥 세계로부터 확연히 구별된 균질적 세계를 만들어내고 있지 않기 때문에, 인위적 조성을 위해 다양한 시도를 행할 조건이 유지되고 있다.

스위스어? 독일어?

스위스가 네 가지 언어를 국가의 말로 인정하고 있다는

사실은 널리 알려져 있다. 사용 순위별로 나열해보면 독일어, 프랑스어, 이탈리아어, 레토로망스어 순이다. 가장 많은 독일어 인구는 400만 명으로 전 인구 630만 명의 3분의 2를 차지하고 있다. 가장 적은 레토로망스어는 약 5만 명이 사용하고 있을 뿐이다. 레토로망스어를 사용하는 인구가 소수임에도 불구하고 그것이 여전히 중요한 언어로 간주되는 이유는 다른 모든 언어들의 경우, 각각 국외에 해당 언어의 모국을 가지고 있지만, 스위스 고유의 언어로 치자면 레토로망스어뿐이기 때문이다. 심지어 레토로망스어는 스위스 이외의 그 어떤 국가의 언어도 아니다. 스위스라는 국가의 다원적 민주주의를 한마디로 표현하기 위해 이 소수자 언어에 부여된 지위처럼 적절한 것은 없을 것이다. 그렇다고는 해도 레토로망스어는 국가어임에도 불구하고 공용어로 치부되지는 않기 때문에 그 상징적 가치와 실용적 가치 사이에 커다란 갭이 존재한다.

커다란 의미를 가진 것은 가장 많은 사용 인구를 가진 "스위스의 독일어"에 대한 스위스 사람들의 의식이다. 독일어를 쓰는 스위스인의 문화생활은 독일과 오스트리아의 문화생활과도 깊은 연관성을 가지고 있다. 그곳에서 나온 출판물은 스위스 안으로 마치 국경 따위 없는 것처럼 자연스럽게 들어온다. 이는 독일어 세계 안에서 적어도 문어 독일어에 국경이 따로 존재하지 않기 때문이다. 그러나 구어라는 측면에서 살펴보면 "스위스의 독일어"를 사용하는 사람들은 "독일의 독일어"는 외국어라는 의식을 갖는 경우가 있다.

제2차 세계대전의 경험은 이런 의식을 만드는 데 기여했다. 즉 독일과 동일시되는 것을 선호하지 않으며, 내심 그것과의 거리를 한층 넓히고자 하는 사람들은 스위스-독일어가 아니라 독일어와는 별개의 고유한 '스위스어'를 만들어내고자 시도했던 것이다. 이런 발상은 언어적으로든 정치적으로든 충분히 의미가 있다. 하지만 스위스어로 인쇄된 출판물이나 TV 영상물은 그 이전까지 행해지던 것과는 달리 전 독일어권을 상대로 한 상품으로 발전할 수 없다.

유형의 인쇄 언어는 이른바 독일 표준어를 반드시 사용해야만 하지만, 이에 반해 무형의 방송 언어 영역에서는 아나운서나 해설자가 마음껏 애향심을 발휘할 수 있다. 때문에 방송을 알아듣기 어렵다는 클레임이 신문 투서란을 가득 메우는 경우가 있다.

여기에 또 하나, 스위스-독일어가 스위스어로 완벽히 탈바꿈할 수 없는 또 다른 요인이 있다는 사실을 잊어서는 안된다. 스위스의 독일어는 국내에서 프랑스어라는 강력한 적을 상대해야만 한다. 프랑스어는 중앙집권의 규범에 의해 보다 통일된 언어다. 스위스어의 독일어로부터의 완전한 분립은, 프랑스어에 대한 스위스어의 힘을 반드시 약화시킬 것이다. 이러한 점을 고려하여, 스위스어가 모어인 사람들은 독일어와의 이중생활을 이어가는 것이 현실적이라고 생각하고 있다.

이처럼 독일어 방언에 머물지, 스위스어를 채택할지, 두 가지의 대립은 해결 불가한 어려움을 내포하면서도 계속될 것임에 틀림없다. 하지만 이 사실로부터 우리들이 끄집어낼 수 있는 교훈은 스위스·사람들이 혹시 그럴 마음만 먹는다면 언제든지 스위스-독일어는 독립적인 스위스어가 될 수 있는 조건을 갖추고 있다는 사실이다. 그 경우 스위스인은 단박에 네덜란드의 예를 떠올린다. 네덜란드어는 저지 독일어의 특징을 강조해 독일어로부터 떨어져 나와 국가를 위한 고유한 언어가 되었지만, 그 때문에 네덜란드어 상품의 판매 시장을 스스로 좁혀버리는 결과를 초래했다. 국내에서 프랑스어라는 강력한 대항세력과 경합하면서 독일어와의 연계가 불가능한 또 다른 언어를 만들어 스스로를 가둬버릴 만한 가치가 정말 있는 것일까. 스위스인들 입장에서 독일과 손을 끊어야만 할 정도로 절대적인 이유는 발견할 수 없다는 이야기다.

독일어와 비슷한 말

하지만 알자스의 경우는 사정이 조금 다르다. 제4장 부분에서 알자스에서 사용되고 있는 것이 "독일어의 방언"이라고는 하지 않고 독일어와 '비슷한 말'이라는 애매한 표현을 해두었던 것을 떠올려 주시길 바란다.

언어적 마이너리티가 가진 모어의 권리에 대해 비로소 인식하기 시작한 프랑스도, 알자스에 대해서는 여전히 강경한 태도를 조금도 누그러뜨리지 않고 있다. 이는 알자스에서 사용되고 있는 것이 프로방스어라든가 카탈로니아어 등의 프랑스 토착 언어가 아니라, 독일이라는 독립된 국가의 언어, 즉 외국어라는 이유에 의한다. 이 생각에 따르면 똑같이 언어적 마이너리티라고 해도 프랑스 토착의 소수자 언어와 비토착의 그것과는 엄격히 구별해 취급되고 있다. 사실 알자스에는 제1차 세계대전 이전까지 30만 명이나 되는 독일인이 이주해 살았다고 한다. 이런 종류의 비교적 새로운 유입 인구가 독일어의 토착성 주장에 마이너스 인상을 주었다는 사실은 부정할 수 없다. 그래서 독일인은 "본국으로 돌아가라"라는 의식이 배후에 작용하면 알자스의 언어적 자유는 더더욱 지지를 얻기 힘들어진다.

이런 상황에서 알자스의 주민들이 그곳 이외에 다른 어디에서도 얻을 수 없는 자신들의 향토권Heimatrecht을 주장하고 그 언어의 토착성을 주장하기 위해서는, 그들의 모어는 독일어와는 다른 알자스 고유의 언어여야 한다. 그들은 조금만 노력하면 독일어가 될 수 있는 알자스어에, 의식적으로 독일어와는 조금 다른 철자법을 부여하여 독일어와 인연을 끊어버리거나 이미 인연을 끊었다는 인상을 강화시키려고 하고 있다. 이 운동에서 그들의 모어를 독일어의 "방언"이라고 부르고 독일과 독일어에 종속시키는 것은 파괴적인 작용을 부르게 될 것이다.

이상에서 언어는 그 언어를 사용하는 사람들에게 외부에서 부여된 단순한 자연물처럼 '거기에 존재하는 것'이 아니라는 사실을 살펴보았다. 이는 '순수 대 잡종'이라는 단순한 이항대립의 도식을 부동의 사실로 고정시키고, 그것을 바탕으로 편견투성이의 가치관을 들이밀어서는 안 된다는 사실을 보여주고 있다. 이것은 단순한 이론 문제에 머무르지 않는다. 이하의 장에서는 직접 그런 편견과 싸워내며 활로를 개척해갔던 언어들의 경험을 살펴보기로 하겠다.

공산주의자 동맹이 할 수 있는 일이라고 해
봐야 기껏해야 러시아의 유대인이 고유의 민
족을 이룬다는 관념을 날조하는 것뿐이다. 그
런데 그 언어라는 것은 자곤이며 영토는 게토
Getto(유대인 강제 격리지구-역주)였다. 학문적으로
전혀 성립되지 않는 고유한 유대 민족이라는
사상은 그 정치적 견지에서 말하자면 가히 반
동적이다.

———레닌

제8장
국가를 초월한 이디시어

시베리아의 유대인

소련이나 유럽으로의 여행을 위해 때로는 시베리아 경로가 선택되는 경우가 있다. 하지만 이 노선은 시간이 걸리는 까다로운 통과지점으로 주의를 받는 경우가 좀처럼 없다. 조심성 있는 여행자라면 일본을 출발해 최초로 도착한 국제공항이 있는 하바로프스크에서 다음과 같은 경험을 할지도 모른다. 레스토랑 같은 곳에서 친숙하게 보드카를 권하며 끊임없이 말을 걸어오지만 자기들끼리는 러시아어와 약간 다른 말을 사용하는 남자들이 있다. 귀를 잘 기울여 들어보면 여기저기에 독일어 비슷한 말이 섞여 있다. 깜짝 놀라 지금 독일어로 이야기를 하고 있느냐고 물어보면 상대방은 고개를 가로저으며, 자신들이 말하고 있는 것은 예브레이스키라고 말할 것이다. 즉 "헤브라이어"를 사용하고 있다는 말인데, 이것이 바로 이디시어를 가리키는 러시아 이름이다.

이디시어란 10세기부터 13세기에 걸쳐 라인강 일대에 이주해 살던 유대인들이 해당 지역에서 익힌 독일어의 한 방언에서 유래한다. 이는 독일어보다 보수적이었기 때문에, 오늘날 독일어가 잃어버린 고대 중세의 독일어, 즉 니벨룽겐의 노래에 남겨진 것 같은 특징을 일부 간직하고 있다. 외국인의 귀에는 어미의 r음이 약해지지 않고 강하게 발음되기 때문에, 스위스 산속 깊숙이에서 듣게 되는 독일어처럼 고풍스러운 느낌을 준다. 그들은 러시아연방공화국 하바로프스크 지방, 비로비잔 유대인자치주의 주민들이다.

소련은 1934년 하바로프스크에서 172킬로미터 떨어진 아무르강 지류의 비라 강변에 비로비잔 유대인자치주를 만들었다. 비로는 비라강을 가리키며 비잔은 자치주의 또 하나의 큰 강의 이름을 딴 것이다. 자치주는 결코 "국가"가 아니지만, 이스라엘을 빼고는 이 지구상에 보장된 유일한 유대인 자치적 행정단위다. 1974년의 자료에 의하면 인구는 18만 4000명인데, 그 가운데 이디시어를 모어로 하는 사람은 10%에도 미치지 않는다고 추정된다. 하지만 이 2만 명에도 달하지 않는 유대인들은 그들의 모어, 즉 이디시어에 의한 신문을 발행하고 있다. 신문의 이름은 "비로비자넬 쉬테르" 즉 "비로비자의 별"이라고 일컬어진다.

이 사실은 요컨대 소련에서 유대인은, 이디시어라는 고유한 민족어를 소유한, 고유한 민족으로 국가적으로 인지되고 있다는 사실을 증명하고 있다. 이 점은 중앙유럽이나 동유럽의 독일어 사회 속에서 그들이 맛본 말의 차별로부터 완전히 해방되었음을 나타낸다. 비로비잔의 유대인들은 소련 전체의 유대인의 극히 일부에 지나지 않으며, 전 국토에는 약 100만 명 가까운 유대인이 살고 있다고 추정된다.

이디시어의 문학작품이 소련에서 출판되고 있는 것도 그런 수요가 있기 때문일 것이다.

지금에 와서야 그들 유대인들이 하는 말이 "이디시어"라고 표현되며 제대로 된 말처럼 다뤄지지만, 이는 상당히 새로운 사건이라고 할 수 있다. 어쩌면 지금까지도, 역시 수많은 독일인이나 오스트리아인들은 이디시 따위의 "언어"의 존재를 인정하지 않을 것이다. 이는 독일어의 방언이라고도 부를 수 없으며—방언에는 그것이 사용되는 전통적인 '지역'이 있어야 하는데 유대인에게는 그것이 없기 때문에 — 유대인이라는, 게토의 하층사회 안에서만 사용되는 자곤에 지나지 않는다고 여겨지고 있다. 자곤——즉, 날치기나 무뢰한이나 부랑자를 포함한 빈민굴의 은어로 여겨지는 것이다.

이디시어는 "올바른 독일어"를 사용하는 사람들 입장에서 보면 문법의 변화표에 부합되지 않는, 요컨대 제대로 된 문법에서 벗어난 비정상적 사투리에 오염되어 추하게 붕괴된, 도저히 들어줄 수 없는 "부패한" 말로 간주되고 있었다. 이런 말을 사용하는 한, 지적인 훈련 따위는 당치 않고 제대로 된 문화도 만들 수 없다는 것이다.

가까운 말과 먼 말

유대인이 이디시어를 사용하는 한, 그들의 미래도 해방도 있을 수 없다고 생각했던 것은, 편견으로 뭉쳐진 보통 사람들만이 아니라 마르크스주의자들 역시 그러했다. 그들은 오로지 그것이 독일어를 잘못 배운 하층 유대인들의 자곤이라고 계속 주장해왔다.

마르크스주의가 민족이나 국가와의 문제에 대해 구체적으로 대처하게 된 것은 19세기의 오스트리아-헝가리의 다민족복합제국에서였다. 그곳에는 독일어, 이탈리아어, 마자르어(헝가리어), 체코어, 크로아티아어, 폴란드어, 루테니아어(우크라이나어), 슬로베니아어, 세르비아어, 루마니아어를 사용하는 민족들은 각각의 언어명으로 구성된 자립 민족으로 간주되고 있었다. 때문에 장차 이 지역이 사회주의화되었을 경우, 이런 민족들에게는 문화적 자치가 보장되어야 마땅하다고 생각되고 있었다.

하지만 유대인은 그렇지 않다. 우선 그들에게는 '고유한 언어'가 없다. 그도 그럴 것이 사회주의의 민족이론에서는 민족을 형성하는 데 가장 기저가 되는 요소는 고유한 언어라고 생각되고 있었기 때문이다. 그런 고유 언어를 가지지 못한 유대인은 결코 독립 민족으로 간주될 수 없다며, 모든 사람들이 각각 서로 다른 입장이었음에도 불구하고 한 목소리로 주장했다.

"무너진 독일어"밖에 사용할 수 없는 유대인들에게는, 따라서 문화나 역사를 만들어 갈 능력조차 없기 때문에, 그들은 "역사를 가지지 못한 민족"이라고 일컬어졌다. 엥겔스가 사용한 이 표현은 예를 들어 오토 바우어Otto Bauer 등에 의해 20세기에도 계속 인용되었다. 그는 "유대어로 교육하는 특설 학교에서 배울 아이들을 상상해보라. 도대체 어떤 정신이 이 학교를 누를 수 있단 말인가"라고 혐오감을 숨김없이 드러낸 후, 그 민족적 자치를 부정했다. 유대인들은 순수한 독일어를 사용했을 때 비로소 문명세계의 역사에 참여할 수 있다는 그들의 사고방식에는 순수한 언어, 그것을 사용하는 민족, 그들이 만드는 역사라는 식으로 언어, 민족, 역사라는 세 가지 항목이 불가분의 관계를 가지고 조직화되어 있었음을 알 수 있다. 그리고 이 경우의 "역사"라는 말의 내용은 보편적이 아니라, 그 자체가 극히 역사적으로 한정된 것임을 알 수 있다. 역사를 논할 수 있는 것은 번듯한 언어를 소유하고 있는, 그야말로 민족의 이름으로 부를 만한 가치가 있는 특정한 인간들뿐이라는 이야기다.

하지만 오스트리아의 마르크스주의자 중에서도 카우츠키Kautsky만은 유대인의 말에 대해 적어도 한 가지만은 올바른 관측을 행한 인물이었다. 즉 아무리 "무너진 독일어"

를 사용하는 유대인이더라도 동유럽에서만은 자신들에 대해 독립된 민족이라고 생각할 수 있다. 그들의 말이 "그 주변의 말들과는 완전히 다르기 때문"이라고 지적했던 것이다. 동유럽에서 그렇다면 러시아에서는 더더욱 그러할 것이다. 러시아에서 이디시어는 주변의 언어와는 확연히 구별된 번듯한 문화어이며, 따라서 그것을 사용하는 유대인이 독립민족이라는 것은 그 누구도 의심할 여지가 없다.

소비에트 연방이 형성된 이후에도 유대인은 이디시어라는 독립 언어를 사용하는 민족으로서, 혹은 민족에 가까운 취급을 계속 받았으며, 민족으로서의 그들의 지위는 전체적으로 위협당하는 일이 없었다. 유대인들에 대한 러시아 사회주의자들의 이런 태도는, 독일어권의 이론가들과는 완전히 차별되었다. 예를 들어 스탈린은 "집회나 연설회에서 모어를 사용하는 것이 허락되지 않고 학교가 그들에게 닫혀 있다고 한다면, 타타르인 혹은 유대인 노동자의 정신적 재능의 완전한 발전 따위를 진지하게 논하는 것은 불가능할 것이다"라고 언급하며, 유대인이 '모어'로 교육받는 것을 당연한 일로 생각하고 있었다.

유대인에 대한 독일과 슬라브의 사고방식에 이토록 엄청난 차이가 인정되는 것은 "말은 가까우면 가까울수록 차별감이 발생되고, 멀어지면 별개의 언어가 될 수 있다"라는 언어 환경의 법칙에서 드러난 사항이다. 요컨대 이디시어가 독일어라고 여겨지는 한 차별이 존재했고, 류큐어가 일본어라고 여겨지는 한 그것은 일본인의 취향에 맞는 일본어가 되치 않으면 안 되는 대상이 되었다.

이디시어의 형성

유대인은 어학의 천재라고 종종 일컬어진다. 그것을 마치 증명이라도 하듯 열 가지, 스무 가지의 언어를 실제로 구사하는 사람들의 예가 거론된다. 뿐만 아니라 실은 말의 연구 영역에서 걸출한 인명을 생각나는 대로 하나씩 열거해봐도 단박에 유대인 이름들이 튀어나와 버린다. 로만 야콥슨Roman Jakobson, 앙드레 마르티네, 노암 촘스키Noam Chomsky 등이 그런 예들이다. 그러나 언어의 사상사라는 측면에서 그보다 훨씬 중요한 점은 여러 민족의 언어장벽을 뛰어넘어 세계적으로 공용될 수 있는 국제 언어를 창출해내고자 했던 자멘호프Zamenhof에 관해서다. 설명할 필요도 없이 그는 에스페란토어의 창시자다.

유대인들이 말에 대해 더할 나위 없이 예민한 감각과 강한 관심을 갖기에 이르렀던 것은 결코 인종적 유전 등의 신비로운 원인 때문이 아니다. 오히려 그들이 역사적으로 놓여 왔던 언어적 환경에 의한 바가 훨씬 더 많다.

　고향 땅을 추방당한 유대인들은 지중해 연안에서 이베리아 반도 일대에 정착해 각각의 토지에 따라 해당 지역의 말을 익혀 갔다. 그들은 집시와 마찬가지로 국가를 가지지 못했기 때문에 각각의 땅에서 사용되던 언어를 최대한 신속히 익히는 것이 생활상 절대적으로 필요했다. 이리하여 주변 언어 환경으로의 급속한 적응능력이 천성적으로 갖춰지게 되었던 것이다.

　유럽에서의 유대인 언어사회 형성사에서 두 가지 중요한 지점을 들어야 한다. 즉 한 곳은 이베리아 반도. 두 번째 지점은 중앙유럽, 동유럽이다. 이베리아의 유대인들은 그곳의 스페인어를 익혔고 그들의 모어의 영향 아래 라디노ladino라든가 주데즈모dzhudezmo라는 이름으로 알려진, 이른바 유대계 스페인어를 형성했다. 라디노를 사용하는 유대인들은 이베리아 지방을 가리키는 헤브라이어 이름을 따서 세파르디라고 일컬어졌다. 세파르디들은 더더욱 남프랑스 각지로 이주해 퍼져갔다. 그에 비해 중앙유럽과 동유럽에 있던 유대인들은 아슈케나지라고 불렸다. 이디시어란 바로 이 아슈케나지들이 라인 강변에서 형성한 모어를 말하며 아슈케나지란 이 "무너진 독일어"를 모어로 계속 사용해온 사람들을 가리킨다.

이디시어는 분명 80%에 이르는 독일어 단어를 포함하고 있으며 상당히 단순화되어 있긴 하지만 문법적으로도 기본적으로 독일어에 가깝다. 그러나 이디시어에는 그들이 고향 땅에서부터 가지고 왔던 헤브라이어나, 광범위하게 말해 셈어 요소를 포함할 뿐만 아니라 로망스어나 슬라브어의 요소도 무시할 수는 없다. 그 배후에는 다음과 같은 역사가 있다.

아슈케나지의 선조는 오늘날의 프랑스 북부에서 한동안 정착했던 것으로 추정된다. 왜냐하면 그들의 말에는 로망스어 요소가 제법 인정되기 때문이다. 즉 현재의 프랑스어의 전신에 해당되는 고대프랑스어 시기에 그곳 환경의 언어를 받아들였던 것으로 여겨진다. 하지만 10세기가 되자이 땅을 떠나 중부 라인강, 모젤 강변, 도나우 상류로 이주해가면서 그런 정주지에서 기존의 말을 독일어로 교체했다. 그후 거의 13세기경까지 그 말의 독일어화 과정이 완성되어 비로소 이디시어의 기초가 형성되었던 것이다.

그들이 받아들인 독일어는 이른바 중세 고지독일어라고 일컬어지는 것으로 영웅서사시인 니벨룽겐의 노래가 만들어진 시대의 것이다. 유대인은 그 후 기독교 사회 안에서 엄격한 격리정책 속에 놓였기 때문에 이른바 게토라 일컬어지는 폐쇄사회 속에서 다른 독일어 여러 방언과는 완전히 이질적인 독자적 역사를 가지게 되었다. 즉 그들의 독일어는 게토 안에서 고집스럽게 보수적으로 유지되며 이른바 중세의 고풍스러운 말이 그대로 남겨질 수 있었기 때문에, 독일어 역사의 자료로 사용될 정도다.

14세기에 들어오면 유대인이 기독교 사회에서 종교적으로 이질적인 존재, 경제적으로도 베니스의 상인인 샤일록을 통해 엿볼 수 있는 무자비한 고리대금업자의 모습을 담당하게 되거나, 때로는 중세 유럽을 공포의 도가니로 밀어넣었던 페스트 유행의 원흉으로 치부되어 박해를 받았다. 그들은 더더욱 동방으로 몸을 피해 보헤미아, 폴란드, 우크라이나 등 각지로 퍼져나가 정착했다. 오늘날의 이디시어에 포함된 슬라브어 요소는 이 시대의 흔적이다.

이런 슬라브 사회에서 유대인은 교양 있는 진취적 계층으로 간주되었던 것으로 추정된다. 특히 우크라이나의 유대인이 그런 경우다. 비록 국가는 가지지 못했으나, 여자를 포함한 모든 아이들을 대상으로 의무교육을 실시하는 제도를 확립했고, 고도의 문화생활을 발전시키고 있었다. 하지만 그것도 오래 가지는 못했다. 마침내 포그롬pogrom, 즉 유대인 무차별 학살이라는 잔혹한 광기가 몰아쳐 이곳 역시 더 이상 안주의 땅이 되지 못했기 때문이다. 그들은 그곳에서 흡수한 슬라브어 요소가 배인 이디시어를 안고 다시금 서쪽으로 되돌아왔다. 독일어 사회 안에 놓여 있으면서도 이디시어 안에 슬라브어 요소가 다수 인정되는 것은 이런 곡절 때문이다.

유대인의 어머니들

유럽 각지로 흩어진 유대인은 물론 각자 정착한 땅에서 살아가기 위해 각각의 땅에서 사용되던 말을 익히지 않을 수 없었다. 독일에 거주하는 유대인은 독일어를, 폴란드에 사는 유대인은 폴란드어를, 러시아의 유대인은 러시아어를 배워야 했다.

어느 나라에 살든 유대인은 태어날 때부터 상인으로서의 자질을 갖추고 있었기 때문에 아주 드물게 일부 예외적인 농업 노동자를 제외하고는 대부분 도시에서 살았다. 상업이든 금융이든, 말없는 토지나 기계를 상대로 한 육체노동과 달리 말을 구사하는 직업이었다. 유대인의 그 유명한 어학적 재능은 낯선 땅에서, 경계 지역에서 삶을 영유하던 생활 형태가 필요로 한 적응 현상 중 하나에 불과하다.

하지만 그런 지적 능력을 활용해 상업 활동에 종사했던 것은 모든 유대인이 아니라 보통은 남성에 한해, 그것도 그런 재능이 출중한 사람으로 한정되었다. 주변 사회와의 접촉에 의해, 혹은 스스로 그 안에서 교양을 얻음으로써 확고한 지위를 얻어낼 수 있었던 남성 외에는, 어쩔 수 없이 게토 안에 갇힌 생활을 해나갈 수밖에 없었다. 여성과 아이들은 예외 없이 그러했다.

이런 유대인들의 경우, 일찍이 조상들이 라인강이나 모젤 강변에 정주했을 때 익혔던 중세 독일어를 계속 사용해갈 수밖에 없었다. 혹은 보다 한층 정확하게 그 사태에 대해 말하자면, 그것이야말로 그들에게 있어서의 '모어'였던 것이다. 그들은 게토 안에서 태어나, 태어난 순간부터 어머니가 이 말을 사용했고, 당연히 아이는 어머니의 그 말을 익혔던 것이다. 어머니의 말을 배우지 않고 도대체 다른 어떤 말을 배울 수 있단 말인가.

유대인은 이디시어에 대해 '아메 로슌'이라고 한다. 그것은 헤브라이어로 "어머니의 말"이라는 의미다. 1968년에 레오 로스텐Leo Rosten이라는 사람이 『이디시의 기쁨The Joy of Yiddish』이라는 책을 저술하고, 그 안에서 이디시어에만 있는 가장 이디시어다운 단어나 표현을 예로 들며 그것을 맛보는 방법을 설명하고 있다. '아메 로슌'은 거기에서 이렇게 설명되고 있다. 유대인이 "아메 로슌으로 이야기합시다"라고 말했다면 "터놓고 이야기합시다"라든가 "단도직입적으로 말합시다"라는 의미가 된다고 한다. 로스텐은 이와 함께 이디시가 어째서 "어머니의 말"인지에 대해 이렇게도 설명하고 있다.

　이디시는 유대인의 어머니에 의해 유대인의 말이 되었다. 어머니는 남자가 아니었기 때문에 헤브라이어 교육을 거부했다.

　유대인은 어디에 살든 그들의 성전을 배우며 그것을 통해 보이지 않는 실로 이어져 있다. 민족이기 위해서는 함께 거주하는 일정 지역이 있어야만 했지만 유대인은 예외였다. 유대인 사회에서 성전의 언어인 헤브라이어는 성전 그 자체와 일체가 되어 유대인을 이어주고 있었다. 하지만 헤브라이어는 성전을 위해 고이 모셔둔 성스러운 문어였기 때문에 일상적인 속俗의 생활 속에서 "된장, 간장" 따위의 대화에 사용됨으로써 더럽혀져서는 안 될 것으로 간주되고 있었다. 그것은 유대인 사회 속의 남성, 특히 교양 있는 지도적 남성들을 위한 특권적이고 권위적인 말이었다. 학문이나 성전을 위한 전용의 말을 소중히 간직한다──실은 이것이 그 말로 하여금 죽음을 초래하게 만드는 원인이 된다. 교양 있는 사람들만이 오류 없이 사용할 수 있는 언어란 사어(죽은 언어)에 불과하다. 그것은 결코 모든 유대인에게 사용되며, 해방 투쟁에 도움을 주는 말은 될 수 없는 것이다. 말은 그 누구도 잘못 쓸까 봐 두려워하지 않고, 권위에 움츠려들지 않으며 자유롭게 쓸 수 있을 때 비로소, 다양한 표현이 생겨나고 발전해가기 마련이다.

헤브라이 문자로 독일어를 쓰다

이상 살펴본 것처럼 근대에서 유대인의 언어생활은 세 가지 영역과 세 가지 언어로 각인되고 었었다. 즉 하나는 그들의 정주지의 주민들의 언어, 두 번째는 성전의 언어인 헤브라이어, 세 번째는 "무너진 독일어" 이디시어다.

주변의 언어, 즉 독일어에 둘러싸여 지내고 있던 유대인들은 그 일상의 언어만으로도 이미 기독교교도들로부터 멸시당할 만한 충분한 이유가 있었다. 유대인들이 눈곱만큼만 노력해도 제대로 된 독일어를 구사할 수 있을 것이라고 독일인들에게는 비춰졌기 때문이다.

18세기에 이런 사고방식을 유대인 안에서 확실히 표명한 사람으로 모세 멘델스존이 있다. 유명한 음악가 펠릭스 멘델스존의 조부에 해당하며, 독일문학사에 이름을 남긴 계몽주의자다. 종교적 차이를 뛰어넘은 인류의 융합을 부르짖은 고결한 인품은 레싱의 희곡 『현자 나탄Nathan der

Weise』 안에서 주인공 나탄의 모습으로 감동적으로 묘사되고 있다.

종교에서는 관용을 부르짖었던 멘델스존도, 말에 관해서는 관용을 허락하지 않았다. 즉 이디시어란 다양한 언어에서 찌꺼기를 긁어모아 날조해낸 부끄러운 잡종 언어, 혹은 혼성 언어라는 식으로 생각했다. 그리고 유대인이 그런 비참한 처지에서 구원을 받기 위해서는 우선, 이 불완전한 독일어를 버리고 누가 봐도 이상하지 않은 올바른 독일어를 구사할 수 있도록 변해야 했다. 본인이 독일 문학에 깊게 심취한 사람이었으며 유대인으로서 처음으로 독일어 저술을 이루어낸 사람이기도 했기 때문에 이런 확신과 신념은 강하고 깊었다. 이 신념을 실행에 옮기기 위해서 그는 기묘한 타협을 굳이 하지 않을 수 없었다. 즉 성서의 독일어 번역을, 이디시어를 쓰기 위한 헤브라이 문자로 간행했던 것이다.

유대인 사회에서 라틴어와 라틴 문자는 그들을 끊임없이 억압해온 기독교의 문자였기 때문에 그것을 사용하는 것에 대해서는 뿌리 깊은 혐오감이 있었다. 때문에 "무너진 독일어" 역시 헤브라이 문자로 '오른쪽에서 왼쪽으로' 썼다. 헤브라이 문자는 항상 오른쪽에서 왼쪽으로 가로쓰기를 하는 문자다. 헤브라이 문자로 독일어를 쓴다는 것은 결과적으로 독일어에 이디시어의 형식을 부여하는 것이 된다. 굳이 이와 같은 필요악을 써서라도 멘델스존은 이디시어를 독일어로 이끌 통로를 만들고자 했던 것이다.

계몽주의를 어떻게든 유대인 최하층에까지 전해야 한다. 그러나 최하층에는 "무너진 독일어"를 모어로 삼아 그것을 일상어로 사용하며 안주해 있던 사람들이 있었다. 불우한 환경에 있던 남성들과 모든 여성들, 그리고 어린아이들이었다. 말은 일종의 사회제도(소쉬르)라고 한다. 하지만 결코 얕잡아 봐서는 안 된다. 말이란 사회 내부의 제도이며, 심지어 '항상' 최하층 사람들의 일상적인 삶 속에 그 기반이 있다. 그런 내재된 제도를 바꾸기 위해서는, 혹은 사용자들로 하여금 바꿔야겠다는 마음이 들도록 유도하기 위해서는, 무엇보다 부끄럽다는 감각을 주입시킬 수 있는 교육을 실시하고, 출세와 권위에 대한 갈망으로 꼼짝달싹 못하도록 만들 필요가 있다. 그리고 그것을 위해서는 오랜 시간을 들여야만 한다.

더럽혀진 말을 제거하기 위해서는, 역시 더럽혀진 말로 호소하지 않으면 안 된다는 사실을 계몽주의자들은 알고 있었다. 마치 20세기에 소비에트 연방 지도자가 러시아어를 보급하기 위해 실은 부정되어야 마땅할 각지의 온갖 민족 언어에 의지하지 않을 수 없었던 것과 마찬가지 형국이었다.

더럽혀진 독일어를 위한 문자로 올바른 독일어를 쓰겠다는 시도는 언어학적 시각으로 봐도 흥미로운 문제를 내포하고 있다. 계몽주의자들이 그 작업에 독일어 철자법을 반영하고자 했다. 예를 들어 헤브라이 문자는 "슈"라는 발음을 한 글자로 나타내지만 독일어에서는 "sch"라는 세 글자를 사용해야 한다. 이에 따라 무너진 독일어의 한 문자가 올바른 독일어로의 가교로서 세 글자로 바뀌어졌다. 이 방법은 일종의 "방언 교정"의 수법과 비슷한 구석도 있으며, 현대 일본의 언어엘리트들에 의한 언어유희적 취미와 원리적으로는 비슷한 측면이 있다(진보된 히라가나 표현을 이미 사멸된 히라가나 체계에 맞춰, 예를 들어 'hi[ひ]'음이 이미 'i[い]'음으로 바뀐 일부 발음에서, 'i[い]'로 읽되 철자법은 여전히 'hi[ひ]'로 남겨두는 경우가 떠오른다).

유대인들 사이에서 계몽주의자들은 헤브라이어로 '매스키림'이라고 불렸는데, 이 사람들의 이디시어 퇴치의 염원은 독일어권의 내부만으로 국한되지 않았다. 러시아에서도 역시 무너진 독일어로부터 탈피가 좀처럼 이행되지 않는다는 사실에 초조해진 유대인 인텔리들은 제정 러시아의 국가권력에 호소해 그 사용을 금지시키려고 획책한 적도 있을 정도였다. 당시 그 청원을 받은 러시아의 교육부장관은 의외로 그것을 거부했다. 관공서로부터 고지가 나왔다고 해도 유대인 여러분들이 내일부터 당장 러시아어나 헤브라이어를 사용할 수 있게 되지는 않을 거라는 답변이었다고 한다. 이 에피소드는 세상 어디에나 있는, 경솔하게 설쳐대는 인텔리의 모습을 보여주는 동시에, 슬라브 세계에서의 이디시어에 대한 관용적 태도의 표출로도 파악할 수 있다.

사어를 부활시키다

18세기가 계몽과 동화의 시대였다면, 19세기는 유대인이 더 이상 위축되지 않고 오히려 강한 태도로 사회주의 해방운동과 하나가 되어 민족으로서의 해방의 길을 모색한 시대라는 점에 특징이 있다.

유대인이 고유 언어를 가져야만 한다는 발상은, 한편으로는 사회주의 민족 이론에 자극을 받은 것이었으며, 다른 한편으로는 현실 속에서의 프롤레타리아계급 해방운동의 필요성에 의해 생겨났다.

유대인의 고유한 언어——그것은 물론, 몇천 년 동안의 전통적 권위로 넘친 성스러운 말 헤브라이어다. 그러나 헤브라이어는 일상에 더럽혀져서는 안 될 고귀한 언어였다. 그럼에도 불구하고 그런 터부를 깨고 과감히 비일상에서 일상으로 꺼내들고 나와 산소 호흡을 시키겠다는 시도를 꿈꾼 사람이 있었다. 그 사람의 이름은 엘리에제르 벤 예후다Eliezer Ben-Yehuda였다.

말에 생명을 부여한다는 것은 그것을 종이 위에서 바라보는 것이 아니라, 우선 입에 올려 써 본다는 것이다. 누가 실행해도 무방하다. 그는 우선 스스로가 말을 하고 그 다음에는 가장 친근한 가족이나 친구에게 그것을 쓰게 했다. 1882년, 그는 "이스라엘 부활협회"를 만들고 오로지 헤브라이어만을 말하는 동지를 모집했다. 오늘날 이스라엘공화국의 국가 언어가 되었고 문자 그대로 부활해서 사용되고 있는 현대 헤브라이어를, 이리하여 2000년의 긴 잠에서 깨우는 운동의 최초의 핵이 된 사람들은, 유대인으로 구성된 네 가족이었다.

엘리에제르 벤 예후다의 사업은 성스러운 사어를 부활시켜 속어로 만든다는, 실로 무모하고 용기 있고 감동적인 기획이었다. 심지어 그것은 1세기를 넘기지 않고 국가 권력을 배경으로 실현되었다. 그러나 그보다 훨씬, 어마어마하게 독창적이고 감동적인 언어운동을 살펴볼 필요가 있다. 그것은 바로, 무너진 말을 자신들의 근거지로 하는, 이디시주의의 눈물겹도록 기특하기 그지없는 싸움을 가리킨다.

19세기 중엽이 지나자, 이 악명 높은 '무너진 독일어'에 자부심을 가지고, 괴로운 유대인의 일상을 그대로 가져다

놓은 것 같은 날카로운 풍자와 따스한 유머로 글을 쓴 작가가 나타났다. 배우가 이디시어로 지껄이는 유랑극장도 등장했다. "지붕 위의 바이올린"으로 너무도 유명해진 우크라이나의 숄렘 알레이헴Sholem Aleichem은 무너진 독일어에 의해 얼마나 약동감 넘치는 문학 세계가 창조될 수 있는지, 직접 전 세계에 보여주었다. 그는 1888년부터 『Di yidishe folks-biblyotek』("이디시 대중문고")라는 이름으로 문예지를 간행하기 시작해, 수많은 명작들을 편집하고 제작해 세상에 내보내며 유대인 독자들을 즐겁게 만들었다.

그러나 그들의 언어운동으로서의 창작활동은 유대인 사회 내부에서 항상 냉소와 멸시의 눈초리를 받아야 했다. 그들의 활동을 그대로 방치해 두었다면, 계몽주의적 동화주의와 헤브라이어 부활=시오니스트 운동이라는 양쪽 모두로부터의 비판을 받아, 20세기까지 목숨을 부지할 수 없었을지도 모른다. 양쪽 모두 이디시어를 더럽혀진 말이라며 깔아뭉개버리고 자칫 숨통을 멎게 할 수 있었던 엘리트운동이었다.

그러나 엘리트적인 양쪽의 그 어떤 측에도 완전히 의지할 수 없었던 하나의 정치집단이 출현했다. 유대인 사회주의자들이었다.

이디시어에 운명을 걸다

해방되어야 할 유대인 노동자 대중, 여성, 어린이——
그 모든 자들이 예외 없이 공통적으로 사용했던 것은 그들
의 모어, 다름 아닌 '아메 로슌'("어머니의 말"), 무너진 독일어
"자곤"이었다. 학대받던 유대인 프롤레타리아 계급에게 사
회주의 혁명과 민족의 독립을 설득하는 말로 이 자곤 이외
에 달리 또 무슨 말이 있을 수 있겠는가. 유대인 노동자의
해방의 도구로 자곤에 의해 사회주의 문헌을 전파하고 해
방 사상을 침투시키려는 시도는, 1893년 아르카디 크레머
가 빌뉴스Vilnius(리투아니아공화국의 수도-역주)에 zhargonishe
komitetn(자곤 위원회)를 창립했을 때 이미 확실한 방향을 제
시하고 있었다. 이 얼마나 끈질기고 강인한 사상인가. 스스
로의 언어에 덮어씌워진 가장 차별적인 표현을 우렁찬 목
소리로 부르짖으며, 그것을 해방으로 인도할 언어로 선언
했던 것이다.

19세기 말, 유대인의 사회주의에 의한 해방과 그들의 속
어 해방운동은 손에 손잡고 미래로 나아가게 되었다. 이리
하여 1897년, "리투아니아 · 폴란드 · 러시아의 전 유대인노
동자동맹Bund"가 결성되기에 이르렀다. 그것이 통칭 Bund
라고 일컬어지는 까닭은 그 이디시에 의한 명칭 "Algemey-
ner idisher arbeterbund in Lite, Polin un Rusland"의 일부

를 땄기 때문이다.

유대인노동자동맹Bund은 단순한 정치단체에 머물지 않고 이디시 운동을 지지하고 스스로도 그에 의해 지지된다는 성격을 지니고 있었다. 역사상 '말'에 이토록 깊게 자신의 운명을 걸었던 정치 단체는 다시 찾을 길이 없을 것이다. 그것은 19세기의 유럽에서 광범위한 지지를 받던 "언어는 민족이며 민족은 언어다"라는, 바로 그 정식定式을 유대인들 속에서 구현하고자 했기 때문이다.

한편으로는 앞서 언급한 "자곤 위원회"가 내건 "유대인 노동자 사이로 탁월한 문학을 보급하고 도서관을 열고 통속과학서나 문학작품을 자곤으로 번역한다"라는 교육활동의 성과에 그들의 위신이 걸려 있었기 때문이었다. 유대인 노동자동맹은 활동의 개시와 함께 『유대인 노동자의 목소리』를 비롯해 이디시어로 된 신문이나 정기간행물을 노동자들에게 보냈다.

유대인노동자동맹은 1905년이 되자 이디시어를 유대인의 언어로 정식으로 선언하고, 그들의 문화적 자치의 근거로 삼았다. 동맹Bund은 나아가 유대인들에게는 유대인 독자의 사회주의운동이 있다고 주장하며, 러시아인의 당과는 별개로 유대인은 독자의 장소를 가져야 한다고도 선언했다.

이 선언은 레닌을 매우 당황하게 만들었다. 그것으로 인해 레닌은 「유대인 프롤레타리아 계급에 "독자의 정당"이 필요할까?」, 「당내에서 동맹Bund의 위치」 등 일련의 논문을 통해 격하게 그 움직임을 견제할 수밖에 없게 되었다. 아르마니아, 그루지아, 기타 각 민족에게 끼칠 영향이 너무나 컸기 때문이다. "민족은 그것이 발전해온 지역을 가져야만 한다. 다음으로 적어도 공통의 언어를 가져야 한다. 유대인은 이미 지역도 공통의 언어도 가지지 못하고 있다"라는, 진부한 오스트리아 사회민주주의자의 이론을 방패막이 삼아 레닌은 유대인의 민족, 언어, 독자의 정당을 모조리 부정하려고 했다. 레닌 역시 19세기적 언어순혈주의의 신봉자 중 한 사람이었던 것이다. 동맹Bund은 이후, 볼셰비키의 입장과 멀어져 다양한 형태로 존속하거나 해외로 탈출했다.

하나의 유대 민족어

동맹Bund의 정치노선은 이처럼 러시아 혁명 과정에서 배제되어갔지만, 이디시 운동은 20세기에 들어온 이후 더더욱 확대노선을 걷기 시작했다. 기억할 만한 날짜로 1908년 8월 30일을 꼽을 수 있다. 이 날 우크라이나의 루마니아 국경 가까이에 있는 체르노빌이라는 작은 마을에서 이디시어

운동 지도자를 포함해 70여 명의 유대인이 모였다.

우선 회의에 앞서 나탄 비른바움Nathan Birnbaum(1864~1937)이 이디시어로 인사를 했다. 하지만 훗날 이디시 문법서(1918년, 빈에서 간행)의 저자이자 이디시어 운동의 중심적 인물이 된 비른바움은 당시 아름다운 독일어를 구사할 수 있었지만, 이디시는 엉망이었던 것으로 추정된다. 이 회의에서는 독일어로 작성된 원고를 이디시로 고쳐서 읽어내려 갔다고 한다.

이 에피소드는 실로 흥미롭다. 비른바움 같은 지식인은, 하층 유대인의 말은 역시 별도로 배워야 했다는 말이 되기 때문이다. 이 회의는 애당초 처음부터 의제 내용을 토의해서 결의하는 데 목적이 있지 않았다. 오히려 게토에 사는 꾀죄죄한 빈민의 말로, 과연 학문이나 정치를 논할 수 있는지에 대해, 실제로 그것을 사용해봄으로써 답을 찾아보자는 시도였다. 심지어 그것은 러시아와 동유럽 각지에서 대표자들이 참가한, 형식적으로는 그 나름대로 최선을 다한 국제회의였기 때문에, 공개적인 국제회의의 장에서 이디시어가 사용된 최초의 케이스로 평가되고 있다.

이디시 운동을 이끌어가던 당사자들이 이디시어에 비관적이거나 실제로는 이디시어를 구사할 수 없었던 경우도 있었다. 그런 상황 속에서 이 회의는 운동의 장래에 길을

낸다는 측면에서 대대적인 데모 형식이 될 수 있다는 의의를 가지고 있었다. 다행스러운 점은 회의의 중심인물이자 철학자인 지트로브스키Zhitlovsky의 이디시어에 의한 연설이 훌륭했기 때문에, 모든 참가자들이나 내빈 출석자들에게 엄청난 감동을 줄 수 있었다는 사실이다. "……이런 멋진 이디시어라면 프랑스어보다도 훨씬 아름답지 않느냐는 목소리가 청중 분들 쪽에서 들렸다. 특히 여태까지 오로지 심미적인 관점에서 이디시어를 반대해온 사람들로부터도 그런 의견이 들려왔다"라고 전해지고 있다(피시먼[Fishman])

회의에서는 상당한 격론이 펼쳐졌지만, 어쨌든 이디시를 자곤이라고 더 이상 부르지 말고 "유대 민족어"로 부르기로 했다. 하지만 그 이외에도 "유대 민족어" 후보가 나타났을 경우 그것을 배제할 우려가 있다는 점 때문에 독점적인 정관사를 붙이지 않고 단순히 부정관사를 붙여 "하나의 유대 민족어"라고 부르기로 정해졌다. 그러나 이 유대 민족어는 유대인의 국가 이스라엘에서는 헤브라이어를 위협하는 존재로 적대시되고 있다. 이디시어가 유일하게 국가 체제에 의해 공용어의 지위에 올랐던 것은 러시아 혁명 이후의 소비에트 연방에서였다.

체르노빌에서의 회의 이후, 이디시어 운동의 거센 기운을 고한 사건으로 1925년 빌뉴스에서 이디시학 연구소가 설치된 일을 들 수 있다. 장차 전 유대인을 위한 공통 언어가 되기 위해, 이디시에는 시급히 해결해야 할 문제가 산적해 있었다. 무엇보다 각지의 '방언' 분화를 조사하고 이디시어라는 기반 위에서 구축된 문화세계의 종합적 연구가 필요해졌다. 이 연구소는 그를 위한 토대를 만들기 위한 것이었다. 막스 바인라이히Max Weinreich가 소장으로 그곳을 이끌었다.

국가를 초월하여

그 후 이디시어가 유대인들 사이에서 얼마나 광범위하게 받아들여졌으며 그 결과 이른바 이디시 황금시대가 꽃을 피웠는지는, 각지에서 활발히 간행된 이디시어 출판물을 봐도 어느 정도 짐작할 수 있다. 즉 1928년에는 폴란드에서 622점, 소비에트 연방에서 224점, 미국에서 102점, 기타 11개국에서 73점, 전 세계적으로 도합 1000점을 넘는 이디시어 저작물이 출판된 것이다.

그 언어를 지지하기 위한 국가는 설령 존재하지 않더라도, 말만은 세계 어디서든 소수의 이산 민족인 유대인들 사이에서 국경을 초월해 오가게 되었다. 즉 국가를 갖지 않은 일대 언어문화권이 출현하려 하고 있었다.

하지만 그 이후의 유대인의 운명에 대해서는 굳이 구구 절절 쓸 필요가 없을 것이다. 동유럽과 중앙유럽에서 가스실로 실려 가거나 잔혹하게 살해당한 유대인의 숫자는 500만 명, 혹은 600만 명이라고 일컬어진다. 분명한 점은 그 중 적어도 400만 명은 이디시어를 모어로 하고 있던 아슈케나지, 즉 이디시어를 사용하던 사람들이었다는 점이다.

히틀러는 아리아 인종의 피의 순결성을 유지하기 위해 유대인을, 유대인들의 육체를 이 지상에서 완전히 없애버리려고 했다. 그리고 본인 스스로 그 사실을 알아차렸는지는 모르겠으나, 그 불순한 피와 함께, 불순하고 무너진 독일어 역시 소각로 안에서, 그 육체와 함께 태워 없애버렸던 것이다. 언어 자체의 입장에 서서 보면, 유대인의 몰살은 인종적 순혈주의의 복사판인, 언어적 순화주의라는 진정으로 비인간적이고 야만적인 성격을 그대로 드러낸 상징적인 사건이다.

가스실을 가까스로 면해 살아남을 수 있었던 소수의 유대인들은 미국이나 이스라엘을 향해 뿔뿔이 떠나갔다.

우리들은 언어에 대해 생각할 수 있는 모든 근원적인 사상이나 담대한 실험이 수많은 유대인들에 의해 처음으로 행해졌다는 사실을 알고 있다. 그중에서도 에스페란토어를 시도했다는 사실이 반추된다. 즉 민족이나 국가를 뛰어넘어 순혈주의나 인종적 언어계통주의에 정면으로 도전한 계획적 잡종 언어가, 동유럽 유대인인 자멘호프Zamenhof에 의해 착상되었다는 사실이다. 이를 특히 기억해두도록 하자.

하지만 좀 더 혁명적이었던 이디시어의 도전도 그에 결코 뒤지지 않는 의미를 갖고 있다. 이디시어는 국가어의 원리로 간주되던, 언어 그 자체로 회귀된 전통, 순수, 정통성 등 모든 권위의 허구를 스스로의 거울에 똑똑히 비춰내고 있다. 가장 경멸스러운 시선으로 멸시당하고 있던 자곤, 즉 여기저기에서 끌어와 주섬주섬 기워 맞춘 불완전하고 무너진 형태의 말에 기꺼이 민족으로서의 아이덴티티를 찾아주었던 것이다. 이디시어의 사상은 말의 근원에 무엇이 있는지, 가장 본질적이라고 할 수 있는 기본 문제를 내포하고 있는 귀한 곳간이다.

1953년 "언어(간) 접촉"에 대한 저술을 통해 언어의 관찰 장면을 단일하고 균질적인 언어에서 다양하고 잡다한 언어가 서로 만나는 장면으로 바꿔놓아 사회언어학 탄생에 결정적인 공헌을 한 우리엘 바인라이히Uriel Weinreich의 아버지가 이디시학 창시자 중 한 사람인 막스 바인라이히였다는 사실은 결코 우연이 아닐 것이다.

이디시는 괴멸적 타격을 입었다. 그러나 현대에도 여전

히 우리들의 눈앞에서 전통주의자들에 의한 다양한 스토리의 거짓됨을 폭로하며, "근대 문화어 형성에 있어서 단 하나, 결정적인 작용을 미치는 것은 정치사다"(마우트너)라는 점을 직접 증명해주었다. 그런 의미에서 이디시의 언어와 사상은 우리들에게도 역시 불멸의 존재라고 할 수 있다.

뉴기니의 네오 멜라네시아어는 사회적 신분과 경험의 진정한 평등화를 이룬 탁월한 예라고 할 수 있다. 깊은 숲에서 나온 토착민이든 유럽인이든, 여기서는 모든 사람이 대등한 존재다. 서로 상대방의 말로는 결코 불가능할 정도로 딱 알맞게, 아주 유창하게 이야기를 나눈다.

——마거릿 미드

제9장
피진어 · 크리올어의 도전

주섬주섬 끼워 맞춘 임시변통의 언어

이디시어가 "무너진 독일어"였다면 좀 더 열악한, 주섬주섬 끼워 맞춘 '임시변통' 언어라는 것이 있다.

예를 들어 아시아나 아프리카에 유럽어를 구사하는 백인 상인이나 선교사가 찾아왔을 때, 서로 상대방의 말을 모르기 때문에 어떻게든 아슬아슬한 지점까지 이야기를 통하게 하려고 쌍방이 애를 써본다. 혹시라도 백인보다 해당 토지 쪽이 정치적으로든 경제적으로든 좀 더 강력하다면, 바깥에서 찾아온 측이 토착 언어에 복종하고 그것을 익혀야 할 것이다. 하지만 외부에서 이곳으로 온 사람이 경제적, 군사적으로 우위에 서 있다면 토착민 측이 언어적으로 상대방에게 다가서는 노력을 하지 않을 수 없다. 그리고 기존의 역사에서는 숙이고 들어가는 쪽이 대부분 아시아나 아프리카의 유색인종이었고 반대의 입장이 백인의 언어였다. 이리하여 쌍방이 그 자리의 어려움을 모면하고자 최대한 간편하게 사용할 수 있도록 한 임시변통의 뒤죽박죽 언어가 만들어진다. 그리고 경우에 따라서는 해당 지역의 말이 부족마다 각각 분립해, 토착어 상호 간에도 언어적 차이가 극심할 경우, 단순히 외부에서 이쪽으로 온 사람들과의 사이에서만이 아니라 그 지역 간에 공통적인 말, 즉 부족 간의 연락어로서 기능하기 시작하기도 한다. 이런 언어 접촉은

군사적, 식민지적 상황 아래 발생하기 때문에, 고용주인 백인 대 토착 원주민과의 관계에 있어서는, 백인 언어의 모방이라는 형태를 취한다. 하지만 토착 언어의 발음과 문법적 특성은 끈질기게 유지되기 때문에, 이런 말은 백인 측에서 보자면 자신들의 언어를 미처 다 흉내 내지 못한, 불완전한 말이라는 소리가 될 것이다.

쌍방의 언어 사이에는 원래, 예를 들어 백인끼리의 언어와는 비교가 되지 않을 정도로 커다란 격차가 존재한다. 따라서 그것을 흉내 냄으로써 생겨난 말은 백인 측에서 봤을 때 지극히 발음이 엉성한, 차마 들어줄 수 없는 말이 되어버릴 것이다. 하지만 백인은 쌍방의 말이 서로 확연히 다르며 상대방의 말을 흉내 내는 것이 얼마나 어려운지에 대해서는 전혀 생각이 미치지 못한다. 그냥 깊이 생각하지 않고, 이 사람들은 제대로 된 말도 하지 못하는 머리가 나쁜 인간이라고 지레짐작해버리고 마는 것이다. 그래서 백인 측은 마치 어른들이 아이들에게 말을 거는 것처럼, 최대한 간단하고 짧은 문장으로 자기 용건만 재빨리 끝내버린다. 듣는 쪽도 나름, 그것이 백인들의 말 자체라고 생각해버리고, 그대로 단순한 이야기를 한다. 요컨대 백인들이 토착민에게 가까이 다가간다는 것은, 어른들이 아이를 향해 다가가는 태도와 비슷한 성질의 것이 되고 만다.

이런 식으로 토착민들이 흉내를 내어야 할 모델이 된 언어는 멜라네시아에서는 영어, 카리브해에서는 프랑스어, 스페인어, 혹은 포르투갈어 등이었다. 이런 종류의 말에는 각각 기원에 따라 다양한 명칭이 있었는데, 그중에서도 '피진 영어(잉글리쉬)'라는 것이 유명해져서 결국에는 광범위하게 열등 언어의 대명사가 되었다. 피진pidgin의 어원에 대해서는 대부분의 영어사전이 business가 무너진 형태라는 식으로 설명하고 있다. 이런 일반적인 설명 외에, 영어에 의하지 않는 어원설을 취하는 것도 있다. 그러나 비즈니스라는 해석이 할당되었다는 측면에서 피진이 태어난 장면과 그것에 부여된 사회적 평가를 엿볼 수 있을 것이다.

그러나 피진은 당연히 영어와의 사이에서만 생겨난다고 국한시킬 수 없다. 프랑스어, 스페인어, 포르투갈어, 네덜란드어 등, 일찍이 식민지를 가졌던 나라들의 언어 대부분이 식민지의 토착 언어와의 사이에서 피진어를 생성시켰다. 일본어가 군사력과 경제력으로 조선이나 중국으로 향하면, 이번엔 같은 아시아 언어 사이에서 피진 일본어가 태어나게 된다. 혹은 조선인이나 중국인이 일본인 사회 안에서 소수자로서 살게 되면 거기에서도 일종의 피진이 생겨난다. 마찬가지로 점령 하의 일본에서 미군 병사와의 사이에서 생겨난 일본 피진은 미국의 언어학자들의 입장에서 진지한 연구대상이 되었다. 그래서 언어학에서는 이런 두 가지 언어가 서로 접촉할 때 생겨난 제3의 언어를 일반적으로 피진어라고 부르며, 다른 체대로 된 언어와 똑같이 아주 진지한 연구대상으로 삼기 시작하고 있다. 이런 사랑스러운 연구 태도는 지금까지 언급해온 언어학의 정신에서 당연히 나타나게 된 결과였다.

피진의 모어화

예를 들어 『현대영어사전』은 '피진 영어'에 대해 "중국의 통상通商 영어로 중국어, 포르투갈어, 말레이어 등과 혼합된 파격 영어"라고 기술하고 있다. "파격"이란 무엇인가. 그 부분을 명확히 하기 위해 피진 연구가 필요시되고 있는데, 일반적인 영어와 다르다는 점은 분명하다. 그러나 단순히 평범하지 않다는 것만으로는 그 진정한 특징을 포착했다고 할 수 없다. 피진은 무엇보다 우선 가족들 사이에서 일상적으로 사용되지는 않기 때문에 비일상어라고 파악할 수도 있다. 하지만 일반적인 언어와의 결정적인 차이는, 그것이 그 누구의 모어도 아니라는 점에 있다. 그런 의미에서 피진은 일본식으로 말하자면 외국어다. 하지만 특정한 나라의 말은 아니다. '무국적의 외국어'인 것이다. 피진은 이처럼 모어도 아니며 모국어도 아니지만, 분명 필요가 있기 때문에 태어나 사용되고 있는 말이다.

교실 안이나 강습회장에서 조직적인 교수법에 의해 익힐 수 있는 말이 결코 아닌, 절박한 상황에서 어쩔 수 없이 태어난 언어가, 좀 더 비참한 상태 속에서 생겨나는 경우가 있다.

아프리카에서 백인의 인간사냥꾼에 의해 붙잡힌 노예들이 새로운 농업노동력으로 신대륙에 수입되었을 때, 그들을 사들인 백인 농장주들은 이 말을 할 줄 아는 가축이 서로 동료끼리 의사소통해서 도망가거나 반란을 일으키지 않도록 최대한 서로 다른 부족 출신자끼리 조를 짜게 만들어 일을 시키도록 했다. 이리하여 노예들은 동료들끼리 의사가 통하지 않는 환경에 놓여졌다. 하지만 그들은 자신의 소유자와의 사이에서 적어도 명령이나 복종 관계를 성립시킬 수 있을 정도의 최소한의 말을 가지고 있어야 한다. 이런 이유로 예를 들어 주인이 쓰는 스페인어와의 사이에서 일종의 피진어가 성립된 것이다.

그러나 노예끼리는 주인이 준 "말을 할 줄 아는 가축"용의 피진을 사용하면서, 서로 어떻게든 의사소통이 가능해졌다. 결혼하면 부부 사이에서 이런 피진은 한층 안정된 형태로 정착해 발전할 수 있었다. 주인의 말을 자기 것으로 삼아, 그 명령 용도의 말이 부부의 말이 된다. 즉 말에 가정이 부여된 것이다. 하지만 그것은 아직 모어는 아니다.

이윽고 이 부부 사이에서 아이가 태어났을 때 그 아이는 집 안에서, 양친 사이에서, 나아가 주인과 노예들 사이에서 주로 주고받는 구어를 이 세상에서 처음으로 만난 말로 받아들이고 자신이 가진 단 하나의 말로 이어받는다. 그때 아이가 태어나서 처음으로 만나게 된 말, 그야말로 틀림없는 모어가 여기서 태어났던 것이다. 임시변통의 피진은 이렇게 모어로 바뀐다. 바야흐로 그것은 결코 '파격'의 말이 아니다. 아이들 입장에서는 '보통'의 말인 것이다. 아이는 노예의 말을 신성한 모어로 탈바꿈시켰다. 이리하여 피진의 모어화가 행해졌을 경우, 그런 말을 언어학에서는 일반적으로 크레올어creole라고 부르고 있다.

크레올은 원래 스페인어로 식민지에서 태어난 토착 백인들, 혹은 그들과 토착민 사이에 태어난 아이 및 그들이 쓰는 말을 가리킨다. 하지만 언어학은 그것을 특정 지역과 특정 언어로부터 떼어낸 후 일반화시켜 하나의 술어로 만들어냈다.

로망스어학자들의 관심

백인들은 오랜 세월 자신들의 전통적인 언어만이 언어라

는 이름으로 부르기에 합당한 말이라고 생각해왔다. 유색인종이 자신들처럼 제대로 된 언어를 말할 수 없는 것은, 유색인종의 육체적 소질 자체에 결함이 있기 때문이라고 생각했다. 유색의 인간들에게는 제대로 된 말을 구사할 줄 아는 능력이 갖춰지지 않았다고 생각했던 것이다. 그래서 백인은 스스로도 마치 어린 아이를 대하는 것처럼, 가능한 한 단순화시킨 형태를 부여하도록 노력했다. 옛날에 일본 점령군 총사령관 맥아더가 일본인의 정신 연령은 12세라고 말하며 일본인의 자부심에 몹시도 상처를 줬지만, 이것은 백인이 피진을 통해 토착민의 언어 능력에 대해 품었던 인상을 언급한, 전통적인 표현의 반복에 지나지 않는다.

피진은 항상 우수한 백인 언어를 어눌하게 흉내 낸 불완전한 언어였으며 크레올은 노예들이 사용하던 말이다. 이런 말들은 언제나 열등했으며 사회적으로 그 어떤 권위도 부여받지 않았다. "올바른 언어"의 전도자 입장에서 이런 말이 지상에서 사용되고 있다는 것은 인류의 진보를 위해서도, 또한 그 열등 언어를 말하는 사람들 자신의 행복을 위해서도 묵과할 수 없다고 진지하게 생각했던 것이다.

이런 잡종, 파격, 열등 언어를 방치해 두는 것조차 견딜 수 없는 사람들이 있음에도 불구하고, 그것을 일부러 연구하려는 언어학이 나타났다. 이런 발상이 나타났다는 것 자체를, 인류의 지적 생활사, 과학사라는 측면에서 주목해야 할 것이다. 피진이나 크레올의 기원은 오늘날 권위를 지닌 모든 언어의 기원과 공통적인 특징을 가지고 있으며, 아울러 그 잡종적 성립과정은 다른 모든 언어에도 해당될지도 모른다는 당연한 의문이 나오게 되었다. 그것은 순수 조어祖語 모델을 암묵적인 전제로 삼았던 인구어(인도유럽어족의 언어-역주) 비교언어학의 발전에 따라, 이른바 그 음지에서 사려 깊은 사람들의 주의를 모으고 있었다. 자연과학을 모범으로 삼았던 언어 변화의 법칙성의 발견에 사람들이 온통 정신이 팔려 있을 때, 그것에 찬물을 끼얹었던 것은 로망스 어학자였던 휴고 슈하르트Hugo Schuchardt였다.

라틴어가 이탈리아 반도의 한쪽 귀퉁이에서 로마 제국과 기독교의 언어로 유럽 각지로 퍼져갔을 때, 물론 그 이전의 사람들은 각각 뭔가 그와는 다른 언어로 말을 하고 있었다. 문어로서의 라틴어는 어느 정도 구어로부터 자립해 있었기 때문에 변화에서 벗어날 수 있었다고 해도, 그것이 말로 표현되었을 때 각각의 토지의 말의 특징을 반영하지 않을 수 없었다. 이리하여 로마세계의 통일이 무너졌을 때 라틴어 역시 각각의 토지의 언어로부터 영향을 받으면서 분립해갔던 것이다. 이리하여 프랑스어, 이탈리아어, 스페인어, 루마니아어 등 수많은 변종이 나타났고, 국가의 요구와 함께 국가의 언어가 되었다. 이런 라틴어로 거슬러 올라가는 일군의 속어를 취급하는 사람을 로망스어학자(로마니스트)라고 부르는데, 이런 연구 방식이 말의 연구라는 역사적 측면에서 연출한 역할은 눈이 부실 정도였다. 오늘날 역시 그들의 연구는 학문 그 자체가 잉태시킨 권위주의에 해악을 입지 않는 한, 언제까지고 활력을 잃는 경우가 없을 것이다.

현존하는 여러 로망스어들의 성립과정을 살펴보면, 라틴어와 토착어와의 사이에서 얼마나 많은 피진어가 발생했고 크레올화해갔을지, 쉽사리 상상할 수 있다. 오히려 인간이 똑같은 말이 아닌 각각 서로 다른 언어를 구사하는 한, 항상 피진의 존재에 대해 생각해보지 않으면 안 된다. 피진의 부모가 된 영어 자체가 앵글로색슨어와 노르망-프랑스어와의 사이에서 태어난 거대한 피진이었다. 이렇게 생각해보면 순수 언어라는 모델은 역사적 사실을 벗어나 상상 속에서만 존재하는 가공된 허구에 불과해진다.

로망스어뿐만 아니라 게르만어 관련 쪽에서도 다양한 언어 변종을 풍부하게 가지고 있었기 때문에, 언어변화의 본질을 생각하는 데 유리한 입장에 서 있었다. 하지만 피진과 크레올 연구를 말이라는 것의 본질과 연관시켜 이론의 중핵부에까지 깊숙이 침투시켜 그 의미에 대해 생각하게 된 것은, 제2차 세계대전 이후의 반식민지, 독립으로의 투쟁

속에서 이런 불완전한 언어가 느닷없이 거대한 정치적 의미를 띠기 시작했기 때문이었다. 그 하나의 예로 파푸아 뉴기니의 네오 멜라네시아어의 경우를 살펴보자.

파푸아 뉴기니의 톡 피신

뉴기니로부터 동쪽으로 향해 수많은 섬들이 흩어져 있다. 이런 멜라네시아 섬들에 도착해 사탕수수농장 따위를 경영한 최초의 백인은 영어를 쓰고 있었다. 백인 농장주와 토착민 고용인 사이에는 영어와 토착 언어를 매개하기 위한 다양한 말이 생겨났다.

이런 말은 어떤 것이었을까. 아무도 그런 말들을 소중히 생각하고 보존해두지 않았기 때문에 지금에 와서는 복원조차 어렵다. 어쨌든 그런 말들은 불완전하고 결국에는 배제되어야 마땅할 말이었기 때문에, 관찰은커녕 오히려 눈을 질끈 감고 최대한 듣지 않았던 것으로 치부되기 일쑤였다. 이런 여러 언어들 가운데 뉴기니 섬의 동반부 부분인 파푸아나 비스마르크 제도에 널리 퍼져 있던 피진어는 TOK PISIN(톡 피신)이라고 일컬어지고 있었다. TOK은 영어 TALK에 해당되는 형태로 "말"이라는 의미다.

1882년 파푸아 북반부를 점유한 독일은 당시 황제의 이름을 딴 카이저 빌헬름 랑트(랜드)Kaiser Wilhelm Land라고 칭하며 이 열악한 피진을 일소하려고 했다. 그러나 결국 성공하지 못한 채 제1차 세계대전의 패배에 의해 오스트레일리아령으로 바뀌고 만다. 독일의 식민 당국은 피진 추방에 열심이었지만, 실제로 현장에서 직접 그 계획을 실행하고 있던 하급관리들은 이런 피진어 사용자들의 입에 독일어를 전해줌으로써 독일어를 더럽히는 것을 못마땅해했다. 정복하는 측이 항상 피정복민 측에게 자신들의 말을 강요하란 법은 없다. 때로는 이런 식으로 "전해주길 못내 아까워하는" 경우도 있다. 이런 경향은 예를 들어 일본어와 아이누어의 관계에서도 발견된다는 사실이 알려져 있다.

독일로부터 이곳을 넘겨받은 오스트레일리아도 결국 피진의 기세를 억누를 수 없었다. 뉴기니에는 원래 250만 주민들이 무려 700개 이상의 다언어로 분열되어 있던 상태였다. 따라서 그곳에서 성립된 피진은 단순히 식민 측과의 교섭에서만이 아니라 토착 주민 상호 간의 의사소통 장치로 풍요로운 발전을 위한 조건이 부여된 상태였다. 기독교 선교사들이 기꺼이 피진을 성서 번역용어로 사용했던 것도 그 유포를 도왔다. 1935년에는 톡 피신에 의해 Frend Belong Me(「나의 친구」)라는 제목의 가톨릭 선교신문이 출판되었을 정도다. 제2차 대전 이후 오스트레일리아 정부는 그 중요성을 무시하지 못한 채, 실제로는 거의 공용어로 간주했고, 1959년에는 Nius Belong Yumi(「우리들의 뉴스」)라는 톡 피신으로 작성된 정부의 공보지를 간행했을 정도다. 이 신문의 제목에 대해 약간 설명을 덧붙이면 톡 피신이 과연 어떤 말인지, 어느 정도 알 수 있을 것이다. Belong은 "……의", Yu와 mi는 당신과 나, 즉 우리들이라는 소리다. 1970년대가 되면 톡 피신에 의한 최초의 서정시집이 나와서 피진어에 의한 단편소설 콩쿠르 등, 문학 활동 면에서의 융성 이외에 방송도 시작되기에 이르렀다. 이런 왕성한 톡 피신 운동은, 당연히 예상된 파푸아 뉴기니의 정치적 독립과 제휴해 추진되어왔다.

1975년 파푸아 뉴기니가 독립했을 때, 약 270만 명의 전 주민들 가운데 톡 피신은 이미 100만 명의 사용자들에게 지지를 받고 있었다. 그것은 영어와 함께 "국어"적 지위에 있었다. 톡 피신의 예는 이른바 그 출신성분이라는 측면에서 설령 '잡종' 언어라 해도, 그것을 사용하는 사람들이 마음만 먹으면 바야흐로 문학 작품을 낳고 학술논문으로도 번역할 수 있는 제대로 된 근대문화어가 될 수 있다는, 일종의 감동적인 실례를 보여주고 있다. 톡 피신은 그런 실력을 갖춘 언어에 적합해 지금은 네오 멜라네시아어라고 일컬어지게 되었다.

네오 멜라네시아어의 장래

그러나 말의 문제는 항상 한쪽 면만을 보고 그 나머지 반쪽을 생략해서는 안 된다. 실은 가려져 보이지 않는 부분에 보다 많은 언어의 진실이 감춰져 있는 경우가 있기 때문이다. 네오 멜라네시아어는 바깥에서는 물론, 좀 더 중대한 점으로 그 내부 자체에 위험한 적을 내포하고 있다.

이 운동의 성공에도 불구하고, 네오 멜라네시아어라는 새로운 이름으로 불러 봐도, 결국 따지고 보면 식민지 지배자인 백인이 만든 말이 아닌가. 심지어 백인은 이런 불완전한 말을 던져주고 토착민을 문화적으로나 정신적으로 낮은 상태에 묶어두었던 게 아닌가. 이렇게 생각하며 피진에서 억압의 상징으로서의 기억을 읽어내려는 입장이 있다. 이런 견해는 대부분의 경우 식민지의 비참함을 떠올리며 그곳에 있던 토착민에게 호의를 표하는 "진보적"이고 "양심적"인 백인들로부터 제시되는 경우가 많다. 1953년, 유엔의 신탁통치위원회가 취한 입장은 실로 이런 것이었다. 우리들은 정치적인 "진보파"나 "양심파"가 때로는 언어적으로 얼마나 무지하고 권위주의적이며 규범에 사로잡혀 있는지의 실례를 여기서도 발견할 수 있다.

"양심적"인 백인으로부터의 평가와 함께 그와 비슷한 이유에서 제시된 또 하나의 공격은 토착 주민들로부터 표현된다. 즉 '톡 피신'은 외래 요소에 의존한 말이기 때문에 여러 토착 언어들을 기반으로 한 말을 재건해야 한다는 지당한 주장이다. 실은 여태까지 그에 관해서는 언급하지 않았지만, 보다 많은 토착 요소에 의존한 히리 모투Hiri Motu가 지니고 있는 강한 아이덴티티 가치도 무시할 수 없다. 그것은 기껏해야 사용 인구가 20만에 머무르고 있지만, 톡 피신을 계속 위협할 수 있는 이유를 가지고 있다.

마지막으로 언제든 어디서든 쉽사리 생길 수 있는, 엘리트의 배신이다. 파푸아 뉴기니의 장래를 약속받은 젊은이가, 예를 들어 영국, 오스트레일리아, 미국 등 '순정純正' 영어가 사용되고 있는 나라의 대학으로 유학을 떠난다. 애당초 영어를 모태로 하고 있는 만큼 '톡 피신'의 '선조로의 귀환'에 안성맞춤인 상황에 노출된다. 그 사람이 보다 빈번하게 국제 사회에서 활약할 기회가 많은 직업에 종사하게 된다면 '톡 피신'이 받을 위협은 심각할 정도다. 톡 피신의 장래는 스스로 파푸아 뉴기니의 지적 엘리트이자, 영어도 유창하면서 톡 피신의 영어와의 미세한 차이에 한층 주의 깊은 관찰을 하며 의식적으로 그것을 계속 유지하는 사용자를, 즉 올바른 톡 피신에 잘못된 언어인 영어를 가지고 들어오지 않는 사용자를 얼마만큼 가질 수 있느냐의 여부에 달려 있다. 그리고 엘리트들은 스스로의 엘리트 언어의 기반

이 최하층 사람들이 말하는 일상언어 안에 있음을 항상 염두에 두는 한, 톡 피신에 대한 배신자가 되지 않을 수 있다.

언어과학의 하나의 전초 기지

이런 저런 요소들을 주섬주섬 이어놓은 잡종 언어 크레올에는 문법도 없으며 어휘의 안정성도 존재하지 않는다. 이로 인해 일반적으로 과학이나 근대적 사고의 소재가 될 수 없다는 생각이 지식인, 비지식인 등과 무관하게 널리 퍼져 있다.

라틴어나 그리스어 이외의 속어에는 "문법이 없다"라는 편견, 그야말로 수백 년 전부터 지속되어온 편견이, 이번에는 그 성립과정을 상세히 관찰할 수 있는 피진이나 크레올로 옮겨지게 되었다. 현존하는 모든 언어에 대해 크든 작든 그 성립 과정에서 크레올적 과정이 존재했다고 생각한다면, 그 사건이 바야흐로 망각된 먼 과거의 일이었는지, 아니면 지금 눈앞에서 펼쳐지고 있는 것인지의 차이에 불과하다.

말이란 그 말을 사용하는 사람들 입장에서 모든 말들이 현재의 평면에 투영되어진다. 지금 이 순간 입에 담고 있는 어떤 활용 형식이 과거에는 지금과 달리 어떤 활용을 했는지, 심지어 이 말이 기실은 머나먼 외국에서 들어왔는지 아닌지 따위의 사항들은 결코 의식되지 않기 마련이다. 어떤 말을 하고 있는 와중의 사람에게 있어서, "역사"가 어떠하다는 식의, 누구도 직접 확인하지 않았던 어떤 요소는 존재하지 않는다. 여기에 소쉬르가 공시태라는 개념을 만들었고 미국 언어학이 기술주의를 관철했던 깊은 이유가 있었던 것이다.

그러나 오랜 역사를 짊어지고 작성된 언어는 그 작성된 형태가 현실 속에 있는 말과 대응하지 않기 때문에 영어나 프랑스어처럼 문자는 이미 더 이상 '말의 현실의 모습'을 나타내는 존재가 아닌 것이 되었다. 그 경우 현실의 말보다 문자 쪽에 중심을 두는 전통주의자들 입장에서 말이란 항상 "문어문이 무너진 형태"로 비춰질 수밖에 없는 것이다. 그래서 "이 무리들이 하는 말을 듣고 있노라면 말이 생기기 이전에 문자가 있었다고 생각하지 않으면 안 될 것 같다"라고 한탄해볼 수밖에 없는 것이다. 그런 점에서 크레올의 철자법은 현실의 말에 맞춰 만들어놓은 것이기 때문에, 보다 일관되고 합리적이다. '톡 피신'의 skulboi나 inaf는 영어의 schoolboy나 enough보다 훨씬 합리적이다. 그러므로 톡 피신 운동의 기특하기 짝이 없는 슬로건인 'wantok—wan-pipel' "하나의 말—하나의 민족"도, 그 슬로건에 적합하며 산뜻할 정도로 명석한 철자법을 가지고 있다.

철자법과 더불어 어휘의 분석적 명쾌함(예를 들어 hospital 에 대한 haus sik—이것은 독일어 Krankenhaus를 떠올리게 하는 형태), 문법의 단순함은 에스페란토어와도 비교된다. 그러나 에스페란토어와의 차이점은, 에스페란토어가 한 사람의 남성에 의해 책상 위에서 계획적으로 만들어진 것임에 반해, 피진이나 크레올은 사람들의 교류 속에서 자연스럽게 발생되었다는 부분에 있다. 사람들은 일상적 필요에 따라 의식하지 않고 언어라는 것의 필연적인 법칙에 이끌려 무의식적으로 이런 말들을 만들어냈던 것이다.

톡 피신을 네오 멜라네시아어로 성장시키기 위해 각별한 공적이 있었던 로버트·A·홀은 귀로 듣자마자 금방 이해가 되는 그 단순함과 명쾌함을 설명하기 위해 다음과 같은 예를 들고 있다.

유럽인이 뉴기니에 와서 서로 이해할 수 있는 말이 없다고 한다. 그때 네오 멜라네시아어로 이야기를 나누면 신학이든 국제법이든 무슨 내용이든 서로 잘 이야기를 나눌 수 있다는 사실을 알 수 있을 것이다.

피진이나 크레올 연구는 역사적이다. 아마도 말이라는 것이 있었던 태곳적부터, 일찍이 그 어떤 언어든 경험한 과정을 눈앞에서 재현하고 있기 때문이다. 또한 그때 서로 다른 언어나 방언을 구사하는 사람들이 놓여 있는 실제 상황을 시사하고 있다는 점에서 사회적이기도 하다. 개개의 국가어나 민족어의 위치를 상대화하고 이런 언어들에게 부여된 뿌리 깊은 편견으로부터 사람들을 해방시켜주는 것이다. 따라서 피진이나 크레올 연구는 "20세기의 남은 시대에는 오늘날까지 무시당해온 이런 매혹적인 분야의 철저한 확장과 발전을 마주할 수 있을 것이다"라는 로버트·A·홀의 기대대로, 분명 "언어과학의 가장 홍미진진한 전초 기지 중 하나"가 될 것임에 틀림없다. 그것은 분명 19세기 이래의 언어연구, 혈통서까지 곁들여진 귀족적 언어연구가 축적한 지식이나 방법의 성과를 토대로 삼으면서도 그것을 과감히 깨뜨리고, 사람들을 얽매여 왔던, 언어에 의한 언어의 지배, 언어엘리트의 지배로부터 사람들을 해방시키는데 힘을 보탤 것이다.

크레올의 과학적 연구에 이정표를 제시한 슈하르트가 기실은 다름 아닌 로망스어 학자였다는 사실이 상징하는 것처럼——피진, 크레올, 뒤죽박죽 뒤섞인 잡종 방언, 이런 가장 민중적인 말들에 대한 연구야말로 바야흐로 언어학 중에서도 가장 낭만적인(로망스적인) 연구대상이 되려 하고 있다.

후기

언어학이라는 분야는 일본에서는 다른 학문분야로부터 현저히 고독한 분야다. 언어학자가 인접 영역에 거의 주의를 기울이지 않는 것 이상으로, 사회과학자들은 여기에서 지속적으로 일어나고 있는 일들에 대해 알지 못한다. 각각의 전문 분야에서 상당히 학식이 있다고 생각되는 사람이라도 언어학이라고 하면 여전히 이런저런 말의 어원을 파헤치길 좋아하는 사람이거나 올바른 문법이나 올바른 문자를 쓰는 방법을 익히는 분야라고 생각하는 사람들이 많다. 그래서 예를 들어 다음과 같은 경우가 발생한다. 소쉬르의 『일반언어학강의』는 세계 어느 나라보다도 먼저인 1928년, 일본에서 최초로 번역서가 출판되었다. 오히려 영어 번역은 제2차 세계대전 이후인 1959년이 되서야 세상에 나올 수 있었다. 소쉬르가 보여준 방법은 언어뿐만 아니라 인간 환경 전체에 대한 이해를 왜곡시켜버릴 측면이 있는 동시에 지극히 전투적인 언어 이해 방법도 보여주고 있다. 그 사상은 일본의 학문 풍토에 맞지 않는 성질을 갖추고 있었기 때문에 도키에다 모토키時枝誠記(일본의 국어학자, 식민지 조선의 일본어 보급에도 관여-역주)는 그것을 민감하게 간파하고 언어과정설을 세워 대항하지 않을 수 없었던 것이다. 이 시대에 소쉬르의 이름을 아는 사람은 언어학과 국어학 관련자 중 소수에 국한되어 있었다. 그러나 1950년대에 들어와 레비 스트로스Lévi-Strauss가 소쉬르의 『일반언어학강의』에서 영감을 받아 문화현상의 해석에 그 방법을 적용하자, 그것이 일본에 전해져 소쉬르의 인기가 삽시간에 치솟게 되었다. 그 사람들이 소쉬르의 이름을 입에 담아 목소리를 높이면 높일수록, 실은 30년 가깝게 자신의 눈이 장식용에 지나지 않았음을 큰 목소리로 증명하는 것이나 마찬가지였다.

이런 일이 벌어지는 것도 따지고 보면 일본의 언어학이 부분적 엄밀함의 노예에 불과했기 때문에, 인간과학의 전체적 전망 속에서 소쉬르를 살아 있는 사상으로 이해할 수 없었다는 사실에 근본적인 원인이 있다. 이는 즉 일본의 언어학은 여러 가지 것들에 대한 호기심은 많았지만, 사상을 살릴 정도의 정신력은 갖추고 있지 않았다는 말이 될 것이다. 이 책은 지루하기 짝이 없는 언어학과의 만남을 통해 끌어올려진 언어학적 정신을 바탕으로, 마치 사실인 것처럼 부풀려져 널리 퍼져나간 언어에 대한 편견을 갈기갈기 분해하고, 그 깊숙이에 도사리고 있는 엘리트적인 인간멸시의 반인민적 성격을 분명히 하고자 했다. 인간의 해방은 결코 언어학만이 추구하고 있는 이념은 아니지만, 다양한 사회적 형태를 취하면서 사람들을 거기에 얽매여 놓고 모든 차별과 편견을 생겨나게 하는 동기가 되고 있는 언어를 상대로 하고 있는 한, 언어과학은 그 역할로부터 결코 도망칠 수는 없다. 좀 더 자세히 말하면 언어는 '차이'만 만들 뿐이다. 그 '차이'를 차별로 바꿔치기하는 것은 항상 취미의 재판관으로 군림하는 작가, 언어평론가, 언어입법관으로서의 문법가, 한자업자 혹은 문법가적 정신으로 똘똘 뭉친 언어학자, 나아가 어설프게 주워들은 지식을 앵무새처럼 되풀이하는 일부 비굴한 신문잡지 제작자 등이다. 이 책에서는 마음이 너무 앞선 나머지 내용이 동반되지 않고 있다는 결점이 있음을 저자 자신이 충분히 느끼고 있지만, 그럼에도 역시 말에서 출발하는 차별과 편견을 대상으로 싸워나가지 않으면 안 될 사람들에게 조금이나마 도움이 될 수 있는 측면은 있다고 생각된다.

마지막으로 20년 정도 과거에, "일본어학"을 다르게 표현한 것이 아닌, 그야말로 "국어학" 건설의 필요성을 암시하셨던 가메이 다카시亀井孝 선생님, 이미 1933년(쇼와 8년)에 "국가어"의 문제를 다룬 논문을 가르쳐주셨던 국립국어연구소의 미야지마 다쓰오宮島達夫 씨, 젊은 날의 저자를 처음으로 이디시어의 세계로 안내해주었던 뮌헨의 W·샤모니 군 등, 여러분들에게 우선 감사의 말씀을 드리고 이어 저자에게 큰 공부가 된 논저들을 지면이 허락하는 범위에서 이하에 열거하여, 그 저자들에게 국경을 넘어 깊은 감사의 마음을 전하고 싶다.

G. Augst, *Sprachnorm und Sprachwandel*, Wiesbaden 1978. E. Coseriu, *Sincronia, diacronia e historia. El problema del cambio lingüistico*, Montevideo 1958. (E. 코세류 『언어변화라는 문제―공시태·통시태·역사言語変化という問題―共時態·通時態·歴史』이와나미문고, 2014년) J. A. Fishman, *Language and Nationalism*, Rowley 1973. ――, *Attracting a Following to High-Culture Functions for a Language of Everyday Life: The Role of the Tshernovits Language Conference in the 'Rise of Yiddish'*, International Journal of Sociology of Language 24, 1980. H. Haarmann, *Die Sprachen Frankreichs, Soziologische und politische Aspekte ihrer Entwicklung*. Festschrift Wilhelm Giese, Hamburg 1972. R. A. Hall Jr., *Pidgin and Creole Languages*, Ithaca and London [3]1974. J. E. Hofman and H. Fisherman, *Language Shift and Maintenance in Israel*. Fishman(ed.), Advances in the Sociology of Language 1972. H. Kloss, *Die Entwicklung neuer germanischer Kultursprachen seit 1800*. Düsseldorf [2]1978. P. Lafargue, *Die französische Sprache vor und nach der Revolution*. Übersetzt von K. Kautsky,

1912. S. Landmann, *Jiddisch. Abenteuer einer Sprache*, München 1964. F. Mauthner, *Beiträge zu einer Kritik der Sprache*, I-III Bde. Hamburg ³1923. H. Tobias, *The Jewish Bund in Russia*, Stanford 1972. P. Villey, *Les sources italiennes de la 《Deffense et illustration de la langue Françoise》 de Joachim du Bellay*, Paris 1969. L. Weisgerber, *Die Entdeckung der Muttersprache in europäischen Denken*, Lüneburg 1948. *Этнические процессы в странах зарубежной Европы*, Москва 1970. 요시다 스미오吉田澄夫, 이노쿠치 유이치井之口有一 편『메이지 이후 국어문제논집明治以降国語問題論集』가자마쇼보風間書房, 1964년(쇼와 39년)

다나카 가쓰히코

역자 후기

좋든 싫든 업무상 수시로 일본어 통역이나 번역을 해야할 상황에 놓이지만, 실은 개인적으로 일본어 통역 쪽을 훨씬 선호하는 편이다. 짧은 시간 안에, 심지어 웃으면서 끝날 수 있기 때문이다. 세상에는 좋은 사람들이 훨씬 많아서 외국어 통역은 훈훈한 분위기로 끝나기 마련이다. 대부분의 좋은 사람들은 차마 면전에 대놓고 불평을 말하지 않는다. 반면 번역은 퇴고가 가능한 데다가 스스로 납득이 되어야 끝이 나므로 매우 시간이 걸릴 뿐만 아니라 자칫 욕(!)을 먹기 십상이다. 활자화되었으니 증거까지 남기는 셈이다. 그냥 욕을 먹는 것이 아니라 두고두고 먹을 수 있다는 이야기다. 고생은 고생대로, 욕은 욕대로 먹으면서도 일단 번역의 세계에 빠지면 헤어나지 못하는 이유, 나의 경우 그것은 대부분 호기심 때문이다. 일본영화 《조제, 호랑이 그리고 물고기들》에 나오는 조제처럼, 깜깜한 깊은 바다 밑에서 데굴데굴 굴러다니며 책들 속에서 매번 새로운 세상을 만난다. 깊은 바다 속이지만 새로운 말과 새로운 생각은 잔잔한 물결을 만들어준다. 쓸쓸한 삶 속에서 그렇게 조금씩 어딘가로 흘러가는 셈이다. 그렇다. 번역자는 호기심과 지적 욕구를 위해 기꺼이 밤을 지새우고 꽃구경도 잠시 미뤄둔다.

하지만 더러 호기심을 뛰어넘어 자부심까지 느끼게 해주는 번역이 있다. 『말과 국가』는 그런 책이었다. 이 책을 번역했다는 것에 큰 자부심을 느꼈다. 오랜만에 대학시절 읽었던 소쉬르의 『일반언어학특강』을 다시 펼쳐보기도 했다. 말에 대해, 말을 둘러싼 세상의 이야기에 대해, 말과 관련된 문화와 사회와 역사에 대해 깊은 고민을 하게 해주는 책이었다. 방언이 가지는 농밀한 사회언어학적 의미와 어린 시절 즐겨 읽던 알퐁스 도데의 단편 『마지막 수업』이 내포하고 있는 폭력성의 진정한 의미도 인상적이었다. 고정된 언어관에 갇히지 않고 국경이나 개인의 내면의 경계를 넘나들며 언어의 진정한 의미에 대해 깊이 성찰하고 있다. 이 책은 AK 이와나미시리즈 중에서도 가장 이와나미다운 서적 중 하나로 꼽힐 것이다. 아무쪼록 많은 분들이 이 책을 통해 새로운 물결을 느껴보시길 바라 마지않는다.

2020년 5월

옮긴이 김수희

IWANAMI 052

말과 국가

초판 1쇄 인쇄 2020년 6월 10일
초판 1쇄 발행 2020년 6월 15일

저자 : 다나카 가쓰히코
번역 : 김수희

펴낸이 : 이동섭
편집 : 이민규, 서찬웅, 탁승규
디자인 : 조세연, 김현승, 황효주, 김형주
영업 · 마케팅 : 송정환
e-BOOK : 홍인표, 김영빈, 유재학, 최정수
관리 : 이윤미

㈜에이케이커뮤니케이션즈
등록 1996년 7월 9일(제302-1996-00026호)
주소 : 04002 서울 마포구 동교로 17안길 28, 2층
TEL : 02-702-7963~5   FAX : 02-702-7988
http://www.amusementkorea.co.kr

ISBN 979-11-274-3353-6 04700
ISBN 979-11-7024-600-8 04080

KOTOBA TO KOKKA
by Katsuhiko Tanaka
Copyright © 1981 by Katsuhiko Tanaka
Originally published in 1981 by Iwanami Shoten, Publishers, Tokyo.
This Korean print edition published 2020
by AK Communications, Inc., Seoul
by arrangement with Iwanami Shoten, Publishers, Tokyo

이 도서의 국립중앙도서관 출판예정도서목록(CIP)은 서지정보유통지원시스템 홈페이지
(http://seoji.nl.go.kr)와 국가자료공동목록시스템(http://www.nl.go.kr/kolisnet)에서 이용하
실 수 있습니다. (CIP제어번호: CIP2020020711)

*잘못된 책은 구입한 곳에서 무료로 바꿔드립니다.

일본의 지성과 양심

이와나미岩波 시리즈

001 이와나미 신서의 역사
가노 마사나오 지음 | 기미정 옮김 | 11,800원

일본 지성의 요람, 이와나미 신서!
1938년 창간되어 오늘날까지 일본 최고의 지식 교양서 시리즈로 사랑받고 있는 이와나미 신서. 이와나미 신서의 사상·학문적 성과의 발자취를 더듬어본다.

002 논문 잘 쓰는 법
시미즈 이쿠타로 지음 | 김수희 옮김 | 8,900원

이와나미서점의 시대의 명저!
저자의 오랜 집필 경험을 바탕으로 글의 시작과 전개, 마무리까지, 각 단계에서 염두에 두어야 할 필수사항에 대해 효과적이고 실천적인 조언이 담겨 있다.

003 자유와 규율 -영국의 사립학교 생활-
이케다 기요시 지음 | 김수희 옮김 | 8,900원

자유와 규율의 진정한 의미를 고찰!
학생 시절을 퍼블릭 스쿨에서 보낸 저자가 자신의 체험을 바탕으로, 엄격한 규율 속에서 자유의 정신을 훌륭하게 배양하는 영국의 교육에 대해 말한다.

004 외국어 잘 하는 법
지노 에이이치 지음 | 김수희 옮김 | 8,900원

외국어 습득을 위한 확실한 길을 제시!!
사전·학습서를 고르는 법, 발음·어휘·회화를 익히는 법, 문법의 재미 등 학습을 위한 요령을 저자의 체험과 외국어 달인들의 지혜를 바탕으로 이야기한다.

005 일본병 -장기 쇠퇴의 다이내믹스-

가네코 마사루, 고다마 다쓰히코 지음 | 김준 옮김 | 8,900원

일본의 사회·문화·정치적 쇠퇴, 일본병!
장기 불황, 실업자 증가, 연금제도 파탄, 저출산·고령화의 진행, 격차
와 빈곤의 가속화 등의 「일본병」에 대해 낱낱이 파헤친다.

006 강상중과 함께 읽는 나쓰메 소세키

강상중 지음 | 김수희 옮김 | 8,900원

나쓰메 소세키의 작품 세계를 통찰!
오랫동안 나쓰메 소세키 작품을 음미해온 강상중의 탁월한 해석을 통
해 나쓰메 소세키의 대표작들 면면에 담긴 깊은 속뜻을 알기 쉽게 전해
준다.

007 잉카의 세계를 알다

기무라 히데오, 다카노 준 지음 | 남지연 옮김 | 8,900원

위대한 「잉카 제국」의 흔적을 좇다!
잉카 문명의 탄생과 찬란했던 전성기의 역사, 그리고 신비에 싸여 있는
유적 등 잉카의 매력을 풍부한 사진과 함께 소개한다.

008 수학 공부법

도야마 히라쿠 지음 | 박미정 옮김 | 8,900원

수학의 개념을 바로잡는 참신한 교육법!
수학의 토대라 할 수 있는 양·수·집합과 논리·공간 및 도형·변수와
함수에 대해 그 근본 원리를 깨우칠 수 있도록 새로운 관점에서 접근해
본다.

009 우주론 입문 -탄생에서 미래로-

사토 가쓰히코 지음 | 김효진 옮김 | 8,900원

물리학과 천체 관측의 파란만장한 역사!
일본 우주론의 일인자가 치열한 우주 이론과 관측의 최전선을 전망하
고 우주와 인류의 먼 미래를 고찰하며 인류의 기원과 미래상을 살펴본
다.

010 우경화하는 일본 정치

나카노 고이치 지음 | 김수희 옮김 | 8,900원

일본 정치의 현주소를 읽는다!
일본 정치의 우경화가 어떻게 전개되어왔으며, 우경화를 통해 달성하
려는 목적은 무엇인가. 일본 우경화의 전모를 낱낱이 밝힌다.

011 악이란 무엇인가

나카지마 요시미치 지음 | 박미정 옮김 | 8,900원

악에 대한 새로운 깨달음!
인간의 근본악을 추구하는 칸트 윤리학을 철저하게 파고든다. 선한 행
위 속에 어떻게 악이 녹아들어 있는지 냉철한 철학적 고찰을 해본다.

012 포스트 자본주의 -과학 · 인간 · 사회의 미래-

히로이 요시노리 지음 | 박제이 옮김 | 8,900원

포스트 자본주의의 미래상을 고찰!
오늘날「성숙 · 정체화」라는 새로운 사회상이 부각되고 있다. 자본주의
· 사회주의 · 생태학이 교차하는 미래 사회상을 선명하게 그려본다.

013 인간 시황제

쓰루마 가즈유키 지음 | 김경호 옮김 | 8,900원

새롭게 밝혀지는 시황제의 50년 생애!
시황제의 출생과 꿈, 통일 과정, 제국의 종언에 이르기까지 그 일생을
생생하게 살펴본다. 기존의 폭군상이 아닌 한 인간으로서의 시황제를
조명해본다.

014 콤플렉스

가와이 하야오 지음 | 위정훈 옮김 | 8,900원

콤플렉스를 마주하는 방법!
「콤플렉스」는 오늘날 탐험의 가능성으로 가득 찬 미답의 영역, 우리들
의 내계, 무의식의 또 다른 이름이다. 융의 심리학을 토대로 인간의 심
층을 파헤친다.

015 배움이란 무엇인가

이마이 무쓰미 지음 | 김수희 옮김 | 8,900원

'좋은 배움'을 위한 새로운 지식관!
마음과 뇌 안에서의 지식의 존재 양식 및 습득 방식, 기억이나 사고의
방식에 대한 인지과학의 성과를 바탕으로 배움의 구조를 알아본다.

016 프랑스 혁명 -역사의 변혁을 이룬 극약-

지즈카 다다미 지음 | 남지연 옮김 | 8,900원

프랑스 혁명의 빛과 어둠!
프랑스 혁명은 왜 그토록 막대한 희생을 필요로 하였을까. 시대를 살아
가던 사람들의 고뇌와 처절한 발자취를 더듬어가며 그 역사적 의미를
고찰한다.

017 철학을 사용하는 법

와시다 기요카즈 지음 | 김진희 옮김 | 8,900원

철학적 사유의 새로운 지평!
숨 막히는 상황의 연속인 오늘날, 우리는 철학을 인생에 어떻게 '사용'하면 좋을까? '지성의 폐활량'을 기르기 위한 실천적 방법을 제시한다.

018 르포 트럼프 왕국 -어째서 트럼프인가-

가나리 류이치 지음 | 김진희 옮김 | 8,900원

또 하나의 미국을 가다!
뉴욕 등 대도시에서는 알 수 없는 트럼프 인기의 원인을 파헤친다. 애팔래치아 산맥 너머, 트럼프를 지지하는 사람들의 목소리를 가감 없이 수록했다.

019 사이토 다카시의 교육력 -어떻게 가르칠 것인가-

사이토 다카시 지음 | 남지연 옮김 | 8,900원

창조적 교육의 원리와 요령!
배움의 장을 향상심 넘치는 분위기로 이끌기 위해 필요한 것은 가르치는 사람의 교육력이다. 그 교육력 단련을 위한 방법을 제시한다.

020 원전 프로파간다 -안전신화의 불편한 진실-

혼마 류 지음 | 박제이 옮김 | 8,900원

원전 확대를 위한 프로파간다!
언론과 광고대행사 등이 전개해온 원전 프로파간다의 구조와 역사를 파헤치며 높은 경각심을 일깨운다. 원전에 대해서, 어디까지 진실인가.

021 허블 -우주의 심연을 관측하다-

이에 마사노리 지음 | 김효진 옮김 | 8,900원

허블의 파란만장한 일대기!
아인슈타인을 비롯한 동시대 과학자들과 이루어낸 허블의 영광과 좌절의 생애를 조명한다! 허블의 연구 성과와 인간적인 면모를 살펴볼 수 있다.

022 한자 -기원과 그 배경-

시라카와 시즈카 지음 | 심경호 옮김 | 9,800원

한자의 기원과 발달 과정!
중국 고대인의 생활이나 문화, 신화 및 문자학적 성과를 바탕으로, 한자의 성장과 그 의미를 생생하게 들여다본다.

023 지적 생산의 기술
우메사오 다다오 지음 | 김욱 옮김 | 8,900원

지적 생산을 위한 기술을 체계화!
지적인 정보 생산을 위해 저자가 연구자로서 스스로 고안하고 동료들과 교류하며 터득한 여러 연구 비법의 정수를 체계적으로 소개한다.

024 조세 피난처 -달아나는 세금-
시가 사쿠라 지음 | 김효진 옮김 | 8,900원

조세 피난처를 둘러싼 어둠의 내막!
시민의 눈이 닿지 않는 장소에서 세 부담의 공평성을 해치는 온갖 악행이 벌어진다. 그 조세 피난처의 실태를 철저하게 고발한다.

025 고사성어를 알면 중국사가 보인다
이나미 리쓰코 지음 | 이동철, 박은희 옮김 | 9,800원

고사성어에 담긴 장대한 중국사!
다양한 고사성어를 소개하며 그 탄생 배경인 중국사의 흐름을 더듬어본다. 중국사의 명장면 속에서 피어난 고사성어들이 깊은 울림을 전해준다.

026 수면장애와 우울증
시미즈 데쓰오 지음 | 김수희 옮김 | 8,900원

우울증의 신호인 수면장애!
우울증의 조짐이나 증상을 수면장애와 관련지어 밝혀낸다. 우울증을 예방하기 위한 수면 개선이나 숙면법 등을 상세히 소개한다.

027 아이의 사회력
가도와키 아쓰시 지음 | 김수희 옮김 | 8,900원

아이들의 행복한 성장을 위한 교육법!
아이들 사이에서 타인에 대한 관심이 사라져가고 있다. 이에 「사람과 사람이 이어지고, 사회를 만들어나가는 힘」으로 「사회력」을 제시한다.

028 쑨원 -근대화의 기로-
후카마치 히데오 지음 | 박제이 옮김 | 9,800원

독재 지향의 민주주의자 쑨원!
쑨원, 그 남자가 꿈꾸었던 것은 민주인가, 독재인가? 신해혁명으로 중화민국을 탄생시킨 희대의 트릭스터 쑨원의 못다 이룬 꿈을 알아본다.

029 중국사가 낳은 천재들
이나미 리쓰코 지음 | 이동철, 박은회 옮김 | 8,900원

중국 역사를 빛낸 56인의 천재들!
중국사를 빛낸 걸출한 재능과 독특한 캐릭터의 인물들을 연대순으로
살펴본다. 그들은 어떻게 중국사를 움직였는가?!

030 마르틴 루터 -성서에 생애를 바친 개혁자-
도루젠 요시카즈 지음 | 김진희 옮김 | 8,900원

성서의 '말'이 가리키는 진리를 추구하다!
성서의 '말'을 민중이 가슴으로 이해할 수 있도록 평생을 설파하며 종교
개혁을 주도한 루터의 감동적인 여정이 펼쳐진다.

031 고민의 정체
가야마 리카 지음 | 김수회 옮김 | 8,900원

현대인의 고민을 깊게 들여다본다!
우리 인생에 밀접하게 연관된 다양한 요즘 고민들의 실례를 들며, 그 심
층을 살펴본다. 고민을 고민으로 만들지 않을 방법에 대한 힌트를 얻을
수 있을 것이다.

032 나쓰메 소세키 평전
도가와 신스케 지음 | 김수회 옮김 | 9,800원

일본의 대문호 나쓰메 소세키!
나쓰메 소세키의 작품들이 오늘날에도 여전히 사람들의 마음을 매료시
키는 이유는 무엇인가? 이 평전을 통해 나쓰메 소세키의 일생을 깊이
이해하게 되면서 그 답을 찾을 수 있을 것이다.

033 이슬람문화
이즈쓰 도시히코 지음 | 조영렬 옮김 | 8,900원

이슬람학의 세계적 권위가 들려주는 이야기!
거대한 이슬람 세계 구조를 지탱하는 종교·문화적 밑바탕을 파고들며,
이슬람 세계의 현실이 어떻게 움직이는지 이해한다.

034 아인슈타인의 생각
사토 후미타카 지음 | 김효진 옮김 | 8,900원

물리학계에 엄청난 파장을 몰고 왔던 인물!
아인슈타인의 일생과 생각을 따라가 보며 그가 개척한 우주의 새로운
지식에 대해 살펴본다.

035 음악의 기초
아쿠타가와 야스시 지음 | 김수희 옮김 | 9,800원

음악을 더욱 깊게 즐길 수 있다!
작곡가인 저자가 풍부한 경험을 바탕으로 음악의 기초에 대해 설명하는 특별한 음악 입문서이다.

036 우주와 별 이야기
하타나카 다케오 지음 | 김세원 옮김 | 9,800원

거대한 우주의 신비와 아름다움!
수많은 별들을 빛의 밝기, 거리, 구조 등 다양한 시점에서 해석하고 분류해 거대한 우주 진화의 비밀을 파헤쳐본다.

037 과학의 방법
나카야 우키치로 지음 | 김수희 옮김 | 9,800원

과학의 본질을 꿰뚫어본 과학론의 명저!
자연의 심오함과 과학의 한계를 명확히 짚어보며 과학이 오늘날의 모습으로 성장해온 궤도를 사유해본다.

038 교토
하야시야 다쓰사부로 지음 | 김효진 옮김

일본 역사학자의 진짜 교토 이야기!
천년 고도 교토의 발전사를 그 태동부터 지역을 중심으로 되돌아보며, 교토의 역사와 전통, 의의를 알아본다.

039 다윈의 생애
아스기 류이치 지음 | 박제이 옮김

다윈의 진솔한 모습을 담은 평전!
진화론을 향한 청년 다윈의 삶의 여정을 그려내며, 위대한 과학자가 걸어온 인간적인 발전을 보여준다.

040 일본 과학기술 총력전
야마모토 요시타카 지음 | 서의동 옮김

구로후네에서 후쿠시마 원전까지!
메이지 시대 이후 「과학기술 총력전 체제」가 이끌어온 근대 일본 150년. 그 역사의 명암을 되돌아본다.

041 밥 딜런
유아사 마나부 지음 | 김수희 옮김

시대를 노래했던 밥 딜런의 인생 이야기!
수많은 명곡으로 사람들을 매료시키면서도 항상 사람들의 이해를 초월해버린 밥 딜런. 그 인생의 발자취와 작품들의 궤적을 하나하나 짚어본다.

042 감자로 보는 세계사
야마모토 노리오 지음 | 김효진 옮김

인류 역사와 문명에 기여해온 감자!
감자가 걸어온 역사를 돌아보며, 미래에 감자가 어떤 역할을 할 수 있는지, 그 가능성도 아울러 살펴본다.

043 중국 5대 소설 삼국지연의 · 서유기 편
이나미 리쓰코 지음 | 장원철 옮김

중국 고전소설의 매력을 재발견하다!
중국 5대 소설로 꼽히는 고전 명작 『삼국지연의』와 『서유기』를 중국 문학의 전문가가 흥미롭게 안내한다.

044 99세 하루 한마디
무노 다케지 지음 | 김진희 옮김

99세 저널리스트의 인생 통찰!
저자는 인생의 진리와 역사적 증언들을 짧은 문장들로 가슴 깊이 우리에게 전한다.

045 불교입문
사이구사 미쓰요시 지음 | 이동철 옮김

불교 사상의 전개와 그 진정한 의미!
붓다의 포교 활동과 사상의 변천을 서양 사상과의 비교로 알아보고, 나아가 불교 전개 양상을 그려본다.

046 중국 5대 소설 수호전 · 금병매 · 홍루몽 편
이나미 리쓰코 지음 | 장원철 옮김

중국 5대 소설의 방대한 세계를 안내하다!
「수호전」, 「금병매」, 「홍루몽」이 세 작품이 지니는 상호 불가분의 인과관계에 주목하면서, 서사란 무엇인지에 대해서도 고찰해본다.

047 로마 산책

가와시마 히데아키 지음 | 김효진 옮김

'영원의 도시' 로마의 역사와 문화!
일본 이탈리아 문학 연구의 일인자가 로마의 거리마다 담긴 흥미롭고
오랜 이야기를 들려준다. 로마만의 색다른 낭만과 묘미를 좇는 특별한
로마 인문 여행.

048 카레로 보는 인도 문화

가라시마 노보루 지음 | 김진희 옮김

인도 요리를 테마로 풀어내는 인도 문화론!
인도 역사 연구의 일인자가 카레라이스의 기원을 찾으며, 각지의 특색
넘치는 요리를 맛보고, 역사와 문화 이야기를 들려준다. 인도 각 고장의
버라이어티한 아름다운 요리 사진도 다수 수록하였다.

049 애덤 스미스

다카시마 젠야 지음 | 김동환 옮김

우리가 몰랐던 애덤 스미스의 진짜 얼굴
애덤 스미스의 전모를 살펴보며 그가 추구한 사상의 본뜻을 이해하고,
근대화를 향한 투쟁의 여정을 들여다본다

050 프리덤, 어떻게 자유로 번역되었는가

야나부 아키라 지음 | 김옥희 옮김

근대 서양 개념어의 번역사
「사회」, 「개인」, 「근대」, 「미」, 「연애」, 「존재」, 「자연」, 「권리」, 「자유」, 「그,
그녀」 등 10가지의 번역어들에 대해 실증적인 자료를 토대로 성립 과정
을 날카롭게 추적한다.

051 농경은 어떻게 시작되었는가

나카오 사스케 지음 | 김효진 옮김

농경은 인류 문화의 근원!
벼를 비롯해 보리, 감자, 잡곡, 콩, 차 등 인간의 생활과 떼려야 뗄 수 없
는 재배 식물의 기원을 공개한다.